MEtoWE
L'intelligence du lien

4 dimensions pour passer
du « Je » au « Nous »
et bâtir des collectifs
plus harmonieux

Elisabeth Magro – Jean-François Thiriet

MetoWe
L'intelligence du lien

MetoWe : l'intelligence du lien

Auteurs : Elisabeth Magro - Jean François Thiriet

Couverture : Midjourney.com

Mise en page : Keith Sarver, www.keithsarver.com

Imprimé en 2024 par Ingram Spark, Grande Bretagne

MetoWe Editions

20 rue de Bon Grain

25115 Pouilley les Vignes

Portable : 06.19.16.73.61

Email : info@index-metowe.com

Site internet : www.index-metowe.com

Dépôt Légal : Novembre 2024

I.S.B.N. 979-10-415-5470-6

Elisabeth Magro - Jean François Thiriet

MetoWe
L'intelligence du lien

MetoWe Editions

SOMMAIRE

SOMMAIRE

Remerciements

Au moment d'écrire ces quelques lignes nous prenons conscience du champ de gratitude dans lequel nous baignons : les personnes, les lieux, les événements qui nous ont amenés là sont tellement nombreux.

Ce qui nous vient dans un premier temps est de remercier la Vie qui a organisé autour de nous les circonstances nous permettant ces prises de conscience. Si l'aventure a démarré dès notre naissance, si tout au long de notre vie nos chemins individuels, nos passions, nos aspirations, nous ont guidés à cet endroit précis, c'est au moment de notre rencontre en 2015 au final que l'histoire s'accélère.

Un merci tout particulier à nos clients qui, par leur confiance, nous ont permis de faire émerger le modèle derrière « MetoWe : l'intelligence du lien. » Chaque discussion, chaque rencontre nous a permis d'affiner et de finalement confirmer notre intuition.

Nous sommes également reconnaissants envers nos mentors Robert Dilts et Deborah Bacon Dilts, pour la source d'inspiration personnelle et professionnelle qu'ils sont pour nous. Et pour notre ami Gilles Roy, homme de lien, qui a créé les conditions de ces rencontres et perçu sans doute avant nous les possibles qui pourraient en émerger.

Nous tenons à exprimer notre profonde gratitude à toutes celles et ceux qui ont ouvert le chemin avant nous : Jacques Dechance et Lionel Soubeyran. Vous avez su insuffler en nous par votre exemple et votre enseignement le sens de la reliance et de la fraternité.

Nous adressons nos remerciements les plus chaleureux à nos enfants Alexandra, Jade, Teo et Victoria, pour leur patience infinie et leur encouragement sans faille tout au long de ce projet et au-delà ! Votre amour et votre soutien enchantent nos cœurs et participent à notre courage et à notre persévérance.

À nos relecteurs : Catherine Labrousse, Julie Guery, Fabrice Boussalem un immense MERCI pour votre temps et la pertinence de votre miroir.

À nos lecteurs, nous espérons que ce livre vous inspirera et vous guidera vers une meilleure compréhension sur le chemin de collectifs plus harmonieux. Nous aimerions tellement tous vous rencontrer, avoir vos retours ! Puisse la Vie nous entendre et créer ici aussi ces circonstances.

Chaleureusement,

Elisabeth & Jean François

Préface de Robert Dilts

MetoWe : L'intelligence du lien, par Elisabeth Magro et Jean François Thiriet, apporte une contribution importante et significative à la compréhension et à la pratique du développement de l'intelligence collective dans les groupes et les équipes. Atteindre un haut niveau de performance collective est à bien des égards le « Saint Graal » des entreprises et des organisations modernes. C'est souvent la « différence qui fait la différence » entre les organisations qui réussissent et prospèrent et celles qui finissent par s'effondrer. Créer les conditions propices au développement d'un « QI collectif » élevé implique d'intégrer et d'aligner les besoins des individus et des groupes auxquels ils participent.

Ce livre explore la manière de gérer la dynamique fondamentale entre nous-mêmes en tant qu'individus uniques et indépendants (Moi) et nous-mêmes en tant que membres de groupes, de communautés et d'écosystèmes interconnectés et interdépendants (Nous). Les auteurs soulignent que ces deux aspects complémentaires de notre réalité quotidienne peuvent souvent entrer en conflit, en particulier dans le contexte du travail en équipe, si nous n'avons pas le niveau de conscience et de compétence nécessaire pour les équilibrer efficacement. Toutefois, lorsque le *Moi* et le *Nous* sont gérés habilement, ils se complètent puissamment et peuvent produire une synergie dont le résultat est nettement supérieur à la somme des parties.

La gestion de la qualité des « liens » - les connexions entre nous et les autres - est essentielle pour parvenir à la fois à la satisfaction personnelle et à une performance de groupe réussie. Les auteurs examinent quatre dynamiques fondamentales liées à ces liens, qui constituent les « piliers » du modèle MetoWe : (1) se lier à soi-même et prendre ses responsabilités, (2) se lier aux autres et établir la confiance, (3) se délier des autres et exprimer ses différences, et (4) s'allier à quelque chose de plus grand que soi et travailler ensemble à des objectifs communs qui incluent et transcendent les intérêts individuels.

Le modèle MetoWe établit l'importance de chacun de ces piliers et les compétences nécessaires pour les soutenir. Il souligne également les défis que chacun d'entre eux peut soulever dans un contexte d'équipe. Chaque dimension du cadre MetoWe présente à la fois des avantages potentiels et des risques associés. En plus de fournir de nombreux exemples pratiques de la manière dont chaque qualité de connexion s'applique aux équipes dans un contexte organisationnel, les auteurs illustrent leur impact et leur dynamique à l'aide d'exemples tirés de l'art, de l'histoire, de la nature et de la science.

D'un point de vue pratique, le modèle MetoWe identifie un ensemble de compétences associées à chacun des quatre piliers et fournit un indice d'auto-évaluation sous la forme de 14 affirmations liées à chacun des piliers. Il présente ensuite des outils et des pratiques possibles à partir desquels il est possible de créer un plan d'action pour développer davantage ces compétences. Il établit également des liens avec des modèles complémentaires pour chaque pilier, qui enrichissent à la fois la compréhension et la mise en œuvre des principes et des compétences qui s'y rapportent.

Le résultat final est un guide riche, bien organisé et pratique pour les dirigeants, les managers et les facilitateurs qui souhaitent favoriser un meilleur QI collectif dans leurs équipes et leurs organisations.

D'un point de vue personnel, je trouve que le cadre et le modèle MetoWe constituent un complément puissant à mon propre travail sur l'intelligence collective, la collaboration générative et les performances optimales des équipes. Il met en parallèle et enrichit les notions de « holons » et d'« holarchie » - c'est-à-dire que chaque ensemble fait partie d'un plus grand tout et contribue à son développement - et la dynamique entre ce que j'appelle l'« ego » (notre expérience d'être un moi séparé et individuel) et l'« âme » (notre expérience d'être une partie de quelque chose de plus grand que nous-mêmes). Ces aspects fondamentaux de notre réalité sont à l'origine des plus grands défis et des plus grandes opportunités potentielles de notre époque.

Ayant connu et collaboré avec Elisabeth et Jean François pendant de nombreuses années, je peux affirmer sans aucun doute qu'ils mettent tous deux en pratique les principes qu'ils présentent dans ces pages. En tant que co-auteurs du livre *Generative Consulting: Tools for creativity, consciousness and collective transformation* et membres de longue date de l'équipe de direction de Success Factor Modeling, je peux attester de leur profonde connaissance et expérience de la facilitation de groupes et d'équipes et de « l'intelligence du lien ». C'est un honneur et un plaisir de soutenir leur travail et la contribution qu'ils apportent par le développement du modèle MetoWe. Puissiez-vous en apprécier la valeur autant que moi !

Robert Dilts, *Cofondateur : Dilts Strategy Group, NLP University, International Association for Generative Change*

Paris, novembre 2024

Introduction

Vous souvenez-vous de la dernière expérience vraiment forte que vous avez vécue ? Qu'est-ce qui l'a rendue particulièrement significative pour vous ?

Quand nous posons cette question à nos participants, c'est immanquablement la même réponse qui vient : *« On était ensemble avec… Je partageais ce moment avec… »*. La relation avec les autres est souvent mentionnée comme un amplificateur de sens dans ces moments-là. Enlevez la présence des autres et l'expérience perd grandement de sa saveur. D'ailleurs avez-vous remarqué comment, à l'opposé, nos expériences de souffrance sont souvent associées à un sentiment d'être séparé, coupé des autres ? Il y a moi, il y a les autres : la relation est perdue et je me sens isolé, seul.

Parfois il y a ceux qui nous répondent : « Non, moi j'étais tout seul, dans la nature, dans une église, un temple, une mosquée… ». Ce à quoi nous répondons : « Encore une question de relation : avec la nature, avec le sacré… ». Tout est relation.

Si tout est relation, la différence qui fait la différence c'est la qualité du lien. Nous avons tous une relation avec la nature et avec le sacré mais quelle est la nature du lien qui nous relie à eux ? Est-il porteur de sens et de vie ? Est-il au contraire distant ou dévitalisé ? En réalité, nos vies sont profondément façonnées par les liens que nous tissons, pas seulement par nos relations.

C'est ici que la question de la qualité des liens se pose. C'est là que l'intelligence du lien intervient.

Quand nous intervenons dans les organisations et que nous écoutons nos clients nous présenter le diagnostic de leur situation, nous entendons souvent : « C'est un problème de communication ». Ce à quoi ils ajoutent parfois : « C'est aussi un problème de relation ». Avec l'expérience, ce que nos clients veulent dire au fond, c'est : « C'est un problème de qualité du lien ». La relation, ce sont les personnes. La qualité du lien, c'est ce qui circule entre elles. Le lien et sa qualité précèdent la qualité des relations, qui elle-même précède la qualité de la communication.

Imaginez deux situations conflictuelles au travail. Dans la première, un lien de confiance règne. Les membres de l'équipe abordent le conflit de manière constructive, cherchant à comprendre les points de vue de chacun et à trouver des solutions ensemble.

Dans la seconde, la confiance est absente. Chaque parole est perçue comme une attaque, chaque geste comme une trahison. La différence est immense. Avec la confiance, les malentendus sont des opportunités d'apprentissage. Sans elle, ils deviennent des sources de division. Et ce, même si les messages sont les mêmes.

Aujourd'hui, les enjeux auxquels les organisations font face nécessitent une collaboration efficace et une véritable intelligence collective. Pour y parvenir, elles doivent cultiver des compétences relationnelles solides, dont la plus importante est la capacité à prendre soin du lien.

Remettre le « prendre soin du lien » au cœur des collectifs nous semble être une évidence cachée qui transpire dans toutes nos interventions. Et pour nous, cela repose sur quatre capacités essentielles que nous avons nommées « MetoWe : l'intelligence du lien. »

Le modèle MetoWe est né de notre observation et modélisation de l'intelligence collective dans les organisations depuis plus de 20 ans. Il rejoint aussi notre expérience personnelle en tant que partenaires de vie et au travail. C'est à la fois un « chemin de conscience » et une discipline pour nous aussi, avec toute l'humilité que cela suppose.

Ce livre vous propose de découvrir « MetoWe, l'intelligence du lien » : à la fois la théorie derrière le modèle, mais aussi l'accompagnement individuel et collectif pour faire vivre le modèle à vos clients et les aider à bâtir des collectifs plus harmonieux et plus vivants.

Et surtout ce livre est notre espoir de contribuer à la naissance d'un monde auquel il fait bon appartenir parce qu'il prend soin du lien. Nous espérons qu'il vous touchera, vous instruira et vous donnera envie de l'emmener dans vos collectifs d'appartenance. Il y a tant de collectifs inspirés et inspirants qui ne portent pas le fruit de la vision dont ils sont porteurs. Nous leur dédions ce livre. Puisse-t-il leur ouvrir de nouvelles possibilités.

La légende d'Ewen ou la quête du lien

Il était une fois, dans un royaume lointain, un jeune homme nommé Ewen. Il vivait dans un petit village niché au creux des montagnes, où chaque habitant connaissait ses voisins et où la vie semblait suivre un rythme éternel et immuable. Bien qu'il aimât la tranquillité de son village, Ewen ressentait une étrange insatisfaction, une sorte de vide intérieur qu'il ne parvenait pas à combler.

Un soir, alors que le soleil se couchait et que les ombres s'allongeaient, Ewen aperçut un vieil homme assis sous un grand chêne, à l'orée de la forêt. L'homme semblait entouré d'une aura de sagesse et de mystère, et une légère brume émanait de ses pieds. Intrigué, Ewen s'approcha prudemment. Le vieil homme, qui se présenta comme Aram, lui parla d'une voix douce et hypnotique et lui dit *« Connais tu l'origine de ton nom Ewen ?. »* Surpris qu'il connaisse son nom, Ewen resta sans mot. *« Tu es 'le Nouveau Guerrier' Ewen »* lui dit-il. *« Celui dont le seul combat est de partir à la découverte de lui-même, de quitter son pays pour trouver sa véritable identité. »*

Aram (qui voulait dire « l'Élevé ») lui expliqua qu'il avait été autrefois comme Ewen, en quête de sens et de vérité. Il avait parcouru le monde, cherché des réponses dans les livres et les enseignements des sages, mais ce n'est qu'en se tournant vers lui-même qu'il avait trouvé ce qu'il cherchait. *« Ewen, »* dit-il, *« la véritable sagesse ne se trouve pas dans les réponses des autres, mais dans les questions que tu te poses à toi-même. Tu dois partir, oublier tout ce que tu connais, pour découvrir ta propre vérité. »*

Il tendit alors à Ewen une ancienne boussole, gravée de 4 symboles étranges, et lui dit : *« Cette boussole te guidera, mais le chemin à suivre, c'est toi qui le créeras. »*

Cette nuit-là, Ewen fit un rêve étrange et puissant. Il se voyait marchant sur la planète Galendil dans une forêt où 4 chemins s'offraient à lui, chaque arbre murmurait son secret et des créatures lumineuses lui montraient la voie. Une en particulier retint son attention.

À son réveil, il comprit qu'il devait partir. Inspiré par les paroles d'Aram et les visions de son rêve, Ewen prit la décision de quitter son village. Il prit le temps de dire au revoir à ses proches, leur expliquant qu'il ne pouvait pas ne pas partir. L'appel était trop grand.

Le premier symbole sur la boussole d'Aram était désormais allumé. Ewen décida de le suivre jusqu'à la Vallée des Échos, où il rencontra une tribu de nomades chantants. Pour gagner leur confiance et se joindre à eux, Ewen apprit leur langue unique, faite de mélodies qui imitaient les échos des montagnes. Il participa à un rituel de passage, chantant l'histoire de sa vie dans une caverne sacrée, où chaque note révélait sa sincérité et son courage. Ainsi, la tribu l'accepta parmi eux. Ewen se sentit chez lui.

Après plusieurs mois dans la Vallée des Échos, Ewen s'aperçut que le second symbole sur la boussole était désormais allumé. Pensant à Aram, Ewen su qu'il devait partir. Mais avant, il honora sa tribu d'une de ses plus belles mélodies. On raconte même que les montagnes de la Vallée des Échos continuent d'en propager l'onde harmonieuse encore aujourd'hui.

Arrivé dans la Cité des Miroirs, Ewen rencontra un vieux maître verrier qui l'initia à l'art de créer des miroirs capables de refléter l'âme. Ewen travailla à polir un miroir qui non seulement montrait son reflet, mais aussi les aspects de son être qu'il avait longtemps ignorés ou cachés. En se voyant pleinement dans le miroir, Ewen devint de plus en plus familier avec ce que la vie lui reflétait. Il comprit que tout dans sa vie avait été et était miroir.

Ewen finit par découvrir que le 3ème symbole de sa boussole était allumé. Il salua à regret son vieux maître et prit la direction vers la Forêt des Ombres : un lieu où la lumière luttait pour percer le dense feuillage. Arrivé à un lac sombre et profond, il passa plusieurs nuits seul écoutant les murmures de la forêt. Les voix lui murmuraient des vérités et des mensonges sur lui-même et sur la vie. Il fut longtemps perdu jusqu'à ce que, épuisé, il finisse par entendre la voix de son être venue du silence. Elle était douce et bienveillante et le mettait en contact avec son essence.

En suivant la direction du 4ème symbole, Ewen fut accueilli dans le Village des Auroras, un lieu magique qui n'apparaissait qu'avec les aurores boréales. Il y rencontra des artistes qui cherchaient à capturer dans leur art le lien entre toutes les choses. Chaque jour le village préparait ensemble une grande célébration pour honorer la connexion entre l'homme et le cosmos. Ewen se sentit là-aussi chez lui, nourri par ces personnes qui savaient se relier à plus grand qu'eux et voir au-delà des apparences.

Désormais les 4 symboles de la boussole restaient allumés en permanence.

Après des années, Ewen ressentit l'appel du retour à son village. Il se sentait capable de revenir à la fois profondément le même et profondément plus que lui-même : il savait être à la fois seul et avec les autres, sans se perdre.

Il n'avait plus peur de son reflet ni de son ombre dans le miroir de la vie. Il avait trouvé sa voix au milieu du silence. Il sentait le fil qui le reliait à la vie. Il était devenu un « bien vivant ».

Le village célébra son retour, et le nouveau guerrier Ewen partagea ses histoires dont découlait toujours une parole de sagesse.

Bien plus tard, alors qu'Ewen méditait dans le jardin qu'il avait créé à son retour, il réalisa que la véritable direction que la boussole avait toujours indiquée était celle de son cœur. Non pas un lieu, mais un état d'être où chaque personne peut trouver son propre chemin intérieur. Son voyage n'était pas une quête de destinations lointaines, mais une profonde exploration de son âme, en tant que miroir de l'Âme du

Monde. Il repensa ému à Aram et l'entendit lui dire : *« Cette boussole te guidera, mais le chemin à suivre, c'est ton cœur qui le créera »*…

Comme Ewen, ce livre vous guidera, mais le chemin à suivre, c'est votre cœur qui le créera. Puissent les 4 dimensions de « MetoWe : l'intelligence du lien » devenir votre boussole sur le chemin de votre Cœur…

Comment lire ce livre ?

Ce livre peut se lire de façon linéaire du premier au dernier chapitre si vous voulez comprendre les facteurs qui favorisent l'émergence du modèle « MetoWe : l'intelligence du lien » jusqu'à ses applications dans l'accompagnement des individus et des collectifs.

Plus précisément :

Si vous cherchez à comprendre le contexte derrière l'émergence du modèle « MetoWe : l'intelligence du lien », lisez directement le chapitre 1. Il vous aidera à faire des liens.

Si vous cherchez à comprendre les prémisses du modèle « MetoWe : l'intelligence du lien » et voulez explorer les 4 dimensions du modèle, allez directement aux chapitres 2 et 3. Ils vous aideront à tisser et nourrir les liens.

Si vous cherchez à savoir comment l'utiliser dans l'accompagnement individuel et collectif, découvrez le chapitre 4 avec notamment l'index MetoWe (test en ligne et gratuit) qui vous donne votre profil MetoWe : l'intelligence du lien. Il vous aidera à resserrer les liens dans les collectifs.

Si vous voulez mieux nous connaître et découvrir comment « MetoWe : l'intelligence du lien » a pris sa place dans notre chemin de partenaires de vie et au travail, rendez-vous au chapitre 5 pour notre dialogue génératif. Il nous aidera à être en lien.

Chaque fin de chapitre vous propose une synthèse et un plan d'action pour aller plus loin.

Et enfin, pour fluidifier la lecture de ce livre, nous avons réuni toutes les notes de bas de page à la fin du livre dans la bibliographie.

CHAPITRE 1 :

APPRENDRE À FAIRE DES LIENS -
Pourquoi le modèle MetoWe maintenant ?

« On ne peut pas résoudre un problème avec le même niveau de conscience que celui qui l'a créé. »

—Albert Einstein

Si MetoWe met l'accent sur les compétences individuelles de chacun, il est important de reconnaître les facteurs collectifs qui conduisent aujourd'hui à son émergence. Nous vivons une époque où les dynamiques politiques, économiques, socioculturelles, technologiques, environnementales et légales (PESTEL) ne sont plus des variables indépendantes (elles ne l'ont jamais été), mais des composantes interconnectées d'un système global. Ce système est en crise, et cette crise est en grande partie le résultat de la fragmentation de notre conscience collective, une perte de la conscience du lien et des liens accentuée et accélérée par la multiplicité des interactions possibles. Le modèle MetoWe propose de reconnaître cette fragmentation et de remettre la conscience et l'intelligence des liens au centre dans cette transition rendue impérative par l'interdépendance croissante de ces forces.

1) Voyage dans le présent

Les dimensions du modèle PESTEL ne sont pas simplement des catégories analytiques et logiques ; elles sont les fils tissés dans la trame de notre réalité collective. Par exemple, les forces politiques influencent les politiques économiques, qui à leur tour affectent les dynamiques socioculturelles. Prenons le cas de la transition énergétique. Les politiques gouvernementales qui favorisent les énergies renouvelables (P) ont un impact direct sur les marchés économiques (E), en stimulant l'innovation technologique (T) dans les domaines des énergies vertes. Cette dynamique technologique modifie les comportements socioculturels (S), avec une prise de conscience environnementale croissante qui pousse à adopter des modes de vie plus durables. Enfin, les législations (L) encadrent ces transitions, imposant des normes environnementales (E) de plus en plus strictes, tout en offrant des incitations fiscales pour encourager les investissements verts.

Cette interdépendance est visible dans des études de cas concrètes, comme celle de l'Union Européenne, où les politiques climatiques (P) sont étroitement liées aux innovations dans le domaine de l'énergie renouvelable (T) et aux stratégies économiques visant à créer des emplois verts (E). Ces stratégies, à leur tour, sont façonnées par les valeurs socioculturelles des citoyens européens, qui exigent des actions concrètes contre le changement climatique (S). Les lois environnementales adoptées (L) reflètent ces attentes et encouragent une transformation systémique.

1. Les Racines de la Crise Actuelle

Pour comprendre l'urgence de cette transition, il est nécessaire de revenir en arrière et d'examiner comment nous en sommes arrivés là. Chaque révolution industrielle a non seulement transformé nos économies, mais aussi la manière dont nous nous percevons en tant qu'êtres humains. La première révolution industrielle, par exemple, a inauguré l'ère de la production de masse, mais a aussi accentué la perte de lien entre l'homme et la nature, en réduisant cette dernière à une simple ressource à exploiter. Cette mentalité a continué à se renforcer à travers la révolution numérique, qui a intensifié l'isolement individuel, malgré une connectivité technologique croissante.

Aujourd'hui, nous sommes à un point de bascule. La quatrième révolution industrielle, caractérisée par l'intelligence artificielle et les biotechnologies, nous pousse à redéfinir ce que signifie « être humain ». Cette révolution technologique a des implications profondes sur nos structures sociales, économiques et politiques, exigeant une réévaluation de nos valeurs et de notre conscience collective.

2. Agir à Partir de l'Être : L'urgence d'une Nouvelle Conscience

Cette interconnexion des forces met en lumière l'urgence d'adopter une nouvelle conscience, une conscience qui transcende l'ego individuel, en tant que partie séparée du tout, pour embrasser une perspective collective. Le modèle MetoWe propose cette transition du « Je » au « Nous » comme une réponse à l'interdépendance croissante de ces forces.

Il ne s'agit plus seulement d'adapter nos actions, mais de transformer notre manière d'être.

Le concept de *résilience systémique*, tel que développé par les chercheurs en écologie et en sciences sociales, illustre cette nécessité. Dans un système complexe, la résilience ne repose pas uniquement sur la robustesse de chaque élément, mais sur la capacité de l'ensemble à absorber les chocs et à évoluer. De la même manière, notre transition vers une conscience collective nécessite que nous reconnaissions notre interdépendance et que nous développions des systèmes sociaux, économiques et politiques capables de s'adapter et de prospérer face aux crises grâce à notre conscience des liens.

Le modèle MetoWe ne prétend pas répondre à tous les enjeux sociétaux, mais il est à la racine du niveau de conscience (l'intelligence du lien) requis pour accomplir cette transition. Il peut servir par exemple la réinvention des structures de gouvernance (P) pour favoriser la coopération plutôt que la compétition, à une réorientation des stratégies économiques (E) vers des modèles plus durables, et à une adoption des technologies (T) qui servent le bien commun plutôt que le profit à court terme.

Cette approche systémique est soutenue par des études de cas dans des organisations qui ont réussi à intégrer ces principes comme Patagonia, une entreprise qui a su aligner ses valeurs écologiques (E) avec des innovations technologiques (T) et des pratiques de gouvernance éthiques (P), tout en cultivant une culture d'entreprise basée sur la coopération et le bien-être des employés (S).

En fin de compte, le modèle MetoWe nous invite à voir au-delà des catégories traditionnelles pour comprendre que chaque dimension de notre réalité est interconnectée.

En tirant les fils qui relient ces forces entre elles, nous découvrons que la véritable transformation commence par un changement de conscience, où le principal levier est le « Je » qui apprend à s'élargir pour inclure le « Nous » et en retour le « Nous » pour qu'il serve aussi le « Je. » Ce livre vous offre une clé pour comprendre cette interconnexion et pour vous préparer à embrasser cette nouvelle approche des relations humaines consciemment.

3. Trois exemples récents d'interdépendance :

• Innovations Technologiques et Politiques de Santé Publique

La pandémie de COVID-19 a mis en lumière l'interdépendance entre les politiques de santé publique et l'innovation technologique, tout en ayant des répercussions sur l'environnement. Les gouvernements ont rapidement mis en place des réglementations pour protéger la santé publique, ce qui a conduit à une adoption massive de technologies de télétravail et de communication à distance. Ces technologies, initialement adoptées pour répondre à une crise sanitaire, ont eu des effets secondaires positifs à court terme sur l'environnement, en réduisant les déplacements quotidiens et les émissions de gaz à effet de serre.

• Crises Économiques et Innovations Technologiques (E, T)

Les crises économiques, telles que la crise financière de 2008 ou les répercussions économiques de la pandémie de COVID-19, révèlent comment l'instabilité économique peut accélérer l'innovation technologique. Face à la volatilité du marché, les entreprises sont souvent contraintes d'innover pour survivre, adoptant de nouvelles technologies qui peuvent transformer les modèles d'affaires traditionnels. Par exemple, la crise de 2008 a conduit à une adoption massive des technologies financières (fintech) et à la digitalisation des services bancaires. Ce genre d'innovation, bien qu'initialement motivée par la nécessité économique, peut aussi avoir des répercussions socioculturelles, en modifiant la manière dont les consommateurs interagissent avec les services financiers et en redéfinissant les relations entre les institutions financières et leurs clients.

• Politiques Sociales et Changement Climatique (P, S, E)

Les politiques sociales, en réponse au changement climatique, illustrent également l'interconnexion. Les gouvernements mettent en place des législations pour limiter les émissions de carbone, ce qui a des répercussions économiques sur les industries dépendantes des énergies fossiles. Cependant, ces politiques sont aussi influencées par les mouvements sociaux qui exigent une action immédiate contre le changement climatique.

Les marches pour le climat, menées par des jeunes du monde entier, ont par exemple poussé les gouvernements à adopter des politiques environnementales plus strictes, démontrant comment les pressions socioculturelles peuvent influencer les décisions politiques et économiques. Cette interaction met en lumière la nécessité d'une conscience collective plus élevée pour naviguer les défis environnementaux de manière éthique et durable.

Ces exemples montrent que les dimensions du modèle PESTEL ne fonctionnent pas de manière isolée. Elles sont profondément interconnectées, et leur interdépendance influence non seulement les politiques et les marchés, mais aussi la conscience collective qui est au cœur de la transition du « Je » au « Nous. »

2) Voyage dans le Passé

La complexité que nous abordons ici ne résulte pas d'un hasard, mais découle des choix que nous avons faits en tant qu'Humanité. Cela ne doit pas mener à une culpabilisation inutile, mais plutôt à une réflexion constructive. Comme le disait un de nos chers collègues : « Ni diabolisation, ni victimisation. » Ce voyage dans le temps nous guidera d'une exploration du monde extérieur vers une introspection nécessaire pour comprendre notre place dans ce vaste réseau interconnecté.

> *« Avant, les événements du monde étaient indépendants les uns des autres. Désormais, ils sont tous liés. » —Polybe.*

Connaissez-vous Polybe ? Si oui, gardez le secret ! Pour les autres, à quelle époque le situez-vous ? 15ème siècle ? 18ème siècle ? Plus tard peut-être ? Pourtant, cette citation, qui semble si contemporaine, a été prononcée au... 2ème siècle ! avant notre ère par un général, historien, et théoricien politique. Otage à Rome pendant 17 ans, Polybe a parcouru l'Afrique, l'Espagne, la Gaule, et bien au-delà, percevant déjà les prémices d'un monde interconnecté.

Cela montre que la mondialisation n'est pas un phénomène récent. Certains pourraient même la faire remonter à l'apparition de l'humanité. Bien que cette vision soit séduisante, nous nous concentrerons ici sur l'évolution plus récente des processus économiques et sociaux, marqués par des vagues successives de mondialisation, chacune avec ses propres caractéristiques et accélérations.

Nous définissons la mondialisation comme l'échange libre de biens, de capitaux, de services, de personnes, de techniques, et d'informations. Elle représente l'intégration croissante des marchés et le rapprochement des humains, facilité par la libéralisation des échanges, le développement des transports, et l'expansion des technologies de l'information. Dans un monde BANI (« Brittle, Anxious, Non-Linear, Incomprehensible » : Fragile, Anxiogène, Non Linéaire, Incompréhensible), cette dynamique s'accélère constamment.

Cependant, la mondialisation n'a jamais été un processus linéaire. Elle a connu plusieurs vagues, chacune marquée par des révolutions dans les transports, des innovations technologiques, et des rôles variés joués par les États et les acteurs privés.

Balayons brièvement chacun de ces domaines.

• **Politique :** Formation des États-nations et institutionnalisation des politiques internationales (XVIIe– XXe siècles)

Au XVIIème siècle, la formation des États-nations en Europe a jeté les bases des politiques internationales modernes. La création de la Société des Nations, puis de l'ONU après la Seconde Guerre mondiale, a renforcé la coopération internationale. Ces institutions politiques ont permis une interaction plus rapide et plus efficace entre les nations, facilitant les accords commerciaux et diplomatiques à une échelle mondiale inédite. Cela a accéléré la diffusion des idées et des innovations, influençant profondément les structures économiques et sociétales.

• **Économique :** Révolutions industrielles (XVIIIe – XIXe siècles)

Les révolutions industrielles ont transformé les économies agricoles en économies industrielles, bouleversant les modes de production et d'urbanisation. L'invention de la machine à vapeur et du moteur à combustion a permis une mobilité sans précédent des biens et des personnes. Cette révolution a non seulement accru la productivité, mais aussi internationalisé le commerce, créant une interdépendance économique qui continue d'accélérer les transformations mondiales.

• **Socioculturel :** Révolution des communications et des médias (XIXe – XXe siècles)

L'invention du télégraphe, de la radio, et plus tard de la télévision, a révolutionné la communication humaine, permettant une diffusion rapide des idées et des nouvelles à une échelle mondiale. Cette évolution a accéléré les changements sociaux, comme les mouvements pour les droits civiques, tout en créant une conscience globale sur des enjeux cruciaux tels que les droits de l'homme et l'environnement.

• **Technologique :** Révolution numérique (fin XXe – début XXIe siècles)

Le développement de l'informatique et d'Internet a radicalement modifié la manière dont les informations sont traitées et partagées. L'interconnexion des systèmes économiques et sociaux s'est accélérée grâce aux innovations numériques, permettant une diffusion quasi instantanée des idées et des technologies à travers le monde. Cela a intensifié le rythme des transformations dans tous les secteurs, de l'économie à la culture.

• **Environnemental :** Prise de conscience environnementale mondiale (XXe siècle)

La seconde moitié du XXe siècle a vu une prise de conscience croissante des impacts environnementaux des activités humaines. Les conférences internationales comme celles de Rio en 1992 ou l'Accord de Paris en 2015 ont catalysé une coopération mondiale pour répondre aux défis environnementaux. Cette conscience environnementale a poussé à l'adoption de nouvelles régulations et à des investissements dans les technologies vertes, modifiant en profondeur les industries et les politiques globales.

• **Légal :** Internationalisation du droit et des régulations (XXe siècle)

Après la Seconde Guerre mondiale, de nombreux cadres juridiques internationaux ont vu le jour pour réguler les relations entre États et protéger les droits humains. Des institutions comme l'OMC ont standardisé les pratiques commerciales à travers le monde, facilitant les échanges et accélérant l'adoption de nouvelles technologies. Cette harmonisation des régulations a permis une convergence plus rapide des systèmes juridiques et économiques, contribuant à l'accélération des échanges globaux.

Conclusion : Un Monde en Accélération

Les évolutions majeures des derniers siècles dans les domaines politique, économique, socioculturel, technologique, environnemental et juridique ont été les moteurs de l'accélération des changements mondiaux. Chacune de ces évolutions a créé les conditions pour une interconnexion croissante et une réactivité accrue des systèmes mondiaux. Aujourd'hui, cette accélération se manifeste dans la rapidité avec laquelle les idées, les innovations et les crises se propagent, modifiant profondément et continuellement notre environnement global.

Cette complexité croissante exige de nous collectivement un ancrage intérieur solide pour naviguer ce monde en perpétuel mouvement. En embrassant la transition du « Faire » vers l'« Être », nous pouvons nous préparer à relever les défis d'un monde de plus en plus interconnecté et interdépendant, où la conscience et le « prendre soin » des liens que nous tissons sera la clé de notre avenir commun.

Pour autant, ces capacités peuvent-elles seulement être portées par le collectif sans s'ancrer tout d'abord dans la conscience individuelle de chacun de nous ?

C'est le sens de l'approche MetoWe.

Voici une synthèse de toutes les influences qui donnent du sens à l'émergence de « MetoWe : l'intelligence du lien » aujourd'hui :

CONSÉQUENCES DÉGÉNÉRATIVES

Dimension	Interconnexion (PESTEL)	Exemples de l'interconnexion
Passage à une Société Patriarcale	Socioculturel (S)	L'ascension du patriarcat s'est fait au détriment des qualités féminines et a entrainé une déconnexion de la nature.
Séparation de l'Homme de la Nature	Socioculturel (S), Environnement (E)	La séparation historique de l'humanité avec la nature a conduit à des crises écologiques, sociales et spirituelles.
Révolution Scientifique et Réductionnisme	Technologie (T), Socioculturel (S)	La Révolution scientifique a introduit le réductionnisme, renforçant ainsi une vision fragmentée de la société.
Domination de l'Hémisphère Gauche	Socioculturel (S)	La domination de la pensée analytique (hémisphère gauche) a contribué à des déséquilibres sociaux en privilégiant la logique au détriment d'une perspective holistique.

CONSÉQUENCES DÉGÉNÉRATIVES

Dimension	Interconnexion (PESTEL)	Exemples de l'interconnexion
Qualités Masculines vs. Féminines	Socioculturel (S)	L'absence d'intégration des qualités masculines et féminines a conduit à des déséquilibres sociaux.
Crises Économiques et Innovations Technologiques	Économie (E), Technologie (T)	Les crises économiques forcent les entreprises à innover sur le plan technologique pour survivre, ce qui impacte les marchés et modifie les pratiques socioculturelles.
Consumérisme et ses Défauts	Économie (E), Environnement (E)	Le consumérisme déconnecte la croissance économique des coûts sociaux et environnementaux, conduisant à des pratiques non durables.
Crise Écologique	Environnement (E), Économie (E), Politiques (P)	Les crises écologiques, exacerbées par l'industrialisation, soulignent l'urgence de réévaluer nos pratiques environnementales.

POSSIBILITÉS RÉGÉNÉRATIVES

Dimension	Interconnexion (PESTEL)	Exemples de l'interconnexion
Transition Énergétique et Politiques Environnementales	Politiques (P), Économie (E), Technologie (T)	Les politiques en faveur des énergies renouvelables influencent l'économie par le biais de subventions, stimulant ainsi l'innovation technologique dans le domaine des énergies vertes.
Impact du Changement Climatique	Environnement (E), Politiques (P)	Les conséquences du changement climatique, comme la montée du niveau de la mer, nécessitent des réponses politiques urgentes et systématiques.
Considérations Éthiques en Affaires	Économie (E), Socioculturel (S)	Le modèle d'affaires traditionnel, centré sur le profit, doit évoluer vers des pratiques plus éthiques et inclusives.
Pensée Systémique	Socioculturel (S), Technologie (T)	La pensée systémique est essentielle pour comprendre l'interconnexion des aspects de la vie plutôt que de les voir comme des éléments isolés.
Importance de l'Intégration des Hémisphères Cérébraux	Technologie (T), Socioculturel (S)	Il est crucial de combiner la pensée analytique de l'hémisphère gauche avec la créativité holistique de l'hémisphère droit pour résoudre les problèmes complexes.

POSSIBILITÉS RÉGÉNÉRATIVES

Dimension	Interconnexion (PESTEL)	Exemples de l'interconnexion
Rôle de la Spiritualité et de l'Empathie dans le Leadership	Socioculturel (S), Politiques (P)	Le leadership doit intégrer l'empathie et la spiritualité, en s'éloignant des approches égocentriques et mécanistes.
Émergence d'un Leadership Conscient	Socioculturel (S), Politiques (P)	L'émergence d'un nouveau leadership conscient met l'accent sur le changement systémique et l'intégration des dimensions internes et externes du leadership.
Leadership Régénératif	Politiques (P), Environnement (E)	Le leadership régénératif appelle à une contribution positive à l'évolution de la vie, plutôt qu'à une simple réduction des dommages.
Évolution de la Conscience en Leadership	Socioculturel (S), Économie (E)	Le leadership évolue vers des pratiques plus agiles et résilientes, alignées avec des valeurs de durabilité.
Urgence d'un Changement Systémique	Socioculturel (S), Politiques (P), Économie (E)	Il est urgent de réformer les pratiques de leadership et d'affaires pour répondre aux défis interconnectés auxquels nous faisons face.

POSSIBILITÉS RÉGÉNÉRATIVES

Dimension	Interconnexion (PESTEL)	Exemples de l'interconnexion
Approche des Systèmes Vivants	Socioculturel (S), Technologie (T)	Les organisations sont des systèmes vivants basés sur la collaboration et l'adaptabilité, contrastant avec la vision mécaniste traditionnelle.
Reconnexion de l'Homme avec la Nature	Socioculturel (S), Environnement (E)	La reconnection avec la nature est essentielle pour atteindre un équilibre dans la vie et les affaires.

Une analyse plus détaillée de ce contexte est disponible sur le site de **index-metowe.com/fr**.

Résumé des points clés du Chapitre 1 :

- Le monde actuel est caractérisé par des crises interconnectées dans des domaines tels que la politique, l'économie, la technologie et l'environnement : la capacité à faire des liens est essentielle.

- Au niveau des relations, le modèle MetoWe est une réponse à cette fragmentation, visant à restaurer l'intelligence du lien entre les individus dans les collectifs.

- Ce chapitre souligne l'importance de cette nouvelle forme de conscience, et du fait qu'elle est basée sur des capacités individuelles.

Pour aller plus loin :

- Dans le modèle PESTEL, quels sont les liens les plus spontanément conscients chez vous ? Quels sont ceux qui le sont moins ?

- Quels sont les domaines du PESTEL où vous avez le plus à apporter ?

- Ici et maintenant, prenez conscience que l'air que vous respirez est produit par les plantes, que l'eau que vous buvez fait partie du même cycle que celle qui coule dans la rivière ou tombe sous forme de pluie... Quand vous mangez, prenez conscience de chaque personne qui a contribué à ce que votre plat arrive sur la table : depuis celle qui l'a amené sur la table, en passant par celle qui l'a cuisiné, qui est allé faire les courses, qui a rangé l'étalage, etc. ...

- Dans la nature, choisissez un arbre (ou « laissez-vous choisir » ?) qui vous inspire et observez-le. Puis après un long moment, voyez la manière dont les éléments naturels sont interconnectés : le sol nourrit l'arbre, la pluie hydrate les plantes, les feuilles mortes enrichissent le sol, les insectes pollinisent les fleurs... Où percevez-vous votre place ?

CHAPITRE 2

TISSER DES LIENS :
Les prémisses derrière MetoWe

« Un individu n'a pas commencé à vivre jusqu'à ce qu'il puisse s'élever au-dessus des limites étroites de ses préoccupations individualistes pour atteindre les pré-occupations plus larges de toute l'humanité. »

—Martin Luther King

Le but avec l'approche MetoWe est de comprendre les fondements sur lesquels elle repose. Dans ce chapitre, vous découvrirez d'abord les prémisses du modèle avant de découvrir chacune de ses 4 dimensions. Les 4 prémisses sont comme les fondations du modèle. Les 4 dimensions en sont les piliers.

Les 4 prémisses de MetoWe :

1) Un But : renforcer la flexibilité psychologique

Dans notre société actuelle, marquée par des changements rapides et des incertitudes croissantes, la flexibilité psychologique émerge comme une compétence essentielle pour naviguer efficacement dans la vie. Ce concept, central dans la thérapie d'acceptation et d'engagement (ACT), peut se définir comme *la capacité à s'adapter aux situations changeantes tout en restant connecté à ses valeurs et objectifs personnels.* L'approche MetoWe, qui prône un passage du « Je » au « Nous », invite justement à développer cette flexibilité pour mieux vivre en collectif.

Comprendre la flexibilité psychologique

La flexibilité psychologique n'est pas seulement la capacité à changer de comportement en fonction des circonstances, mais également à accueillir et à gérer ses émotions et pensées de manière ouverte et sans jugement. Elle implique une conscience accrue de l'instant présent et une volonté de prendre des décisions alignées avec ses valeurs, même face à des émotions ou des pensées inconfortables. En d'autres termes, c'est la capacité à faire ce qui compte, quelles que soient les pensées et les émotions présentes. Cette compétence fait parfois défaut dans les collectifs.

Pourquoi est-elle importante ?

- **Adaptabilité :** Dans un environnement en constante évolution, la capacité à s'adapter rapidement et efficacement est cruciale. La flexibilité psychologique permet de faire face aux imprévus et aux défis sans se laisser paralyser par le stress ou la peur. Par exemple, imaginez une équipe de travail confrontée à un changement soudain de direction. Ceux qui possèdent une grande flexibilité psychologique sauront réagir de manière constructive, trouvant des solutions innovantes plutôt que de résister ou de se sentir submergés.

- **Résilience :** Elle renforce la résilience, c'est-à-dire la capacité à rebondir après des échecs ou des difficultés. Une personne flexible psychologiquement est mieux équipée pour gérer les revers et continuer à avancer vers ses objectifs. Prenons l'exemple d'un athlète qui rate une compétition importante. Plutôt que de se laisser abattre, sa flexibilité psychologique lui permettra de tirer des leçons de cette expérience et de se préparer avec encore plus de détermination pour la prochaine opportunité.

- **Relations interpersonnelles :** En cultivant une ouverture d'esprit et une compréhension des perspectives des autres, la flexibilité psychologique améliore les relations et la coopération au sein des groupes. Elle permet de naviguer les conflits de manière constructive et de favoriser un climat de respect et de collaboration. Dans une famille, par exemple, la capacité à écouter et à accepter les émotions des autres membres sans jugement peut transformer les dynamiques relationnelles et renforcer les liens affectifs.

- **Bien-être émotionnel :** Accepter et faire de la place à toutes les émotions, sans essayer de les supprimer ou de les éviter, conduit à un bien-être émotionnel plus stable et durable. Cela permet de vivre des expériences plus riches et de rester connecté à ce qui compte vraiment. Une personne qui pratique cette acceptation sera mieux armée pour apprécier les moments de bonheur tout en naviguant sereinement à travers les périodes de stress ou de tristesse.

Dans MetoWe, l'important c'est le « To », le « Vers ». La souplesse et la fluidité du mouvement du « Je » vers le « Nous » et du « Nous » vers le « Je » est au cœur de l'intelligence du lien et cette transition nécessite de la flexibilité psychologique à plusieurs niveaux.

- **Passer d'être centré sur soi à être centré en soi :** Passer du « Je » au « Nous » implique d'intégrer ses propres intérêts pour considérer aussi ceux du groupe. Cela requiert une ouverture d'esprit et la capacité à ajuster son comportement avec le bien commun. La flexibilité psychologique permet de reconnaître et d'accepter les besoins et perspectives des autres, facilitant ainsi une coopération authentique et efficace. Par exemple, dans un projet communautaire, les membres qui pratiquent la flexibilité psychologique seront plus enclins à écouter les idées des autres et à trouver des solutions qui bénéficient à l'ensemble du groupe sans renoncer aux leurs !

- **Accueillir la diversité des expériences émotionnelles :** Dans un groupe, les différences d'opinions, de valeurs et d'émotions sont inévitables. La flexibilité psychologique aide à accueillir cette diversité sans jugement, en permettant à chaque membre du groupe de s'exprimer librement et de contribuer à la richesse collective. Cela crée un environnement où chacun se sent respecté et valorisé. Imaginez un conseil d'administration où chaque membre peut partager ses préoccupations et ses idées sans crainte de rejet, menant à des décisions plus inclusives et innovantes.

- **S'adapter aux dynamiques changeantes :** Les groupes évoluent constamment en fonction des interactions entre leurs membres et des influences externes. La flexibilité psychologique permet de s'adapter à ces changements de manière proactive plutôt que réactive. Elle encourage une approche dynamique où les membres du groupe peuvent ajuster leurs rôles et leurs stratégies en fonction des besoins émergents. Dans une équipe de projet, cette flexibilité peut être la clé pour pivoter rapidement en réponse à un feedback du marché ou à des circonstances imprévues, assurant ainsi la réussite collective, tout en se sentant en sécurité émotionnellement.

Comment développer la flexibilité psychologique ?

- **Pratique de la pleine conscience :** La pleine conscience, ou *mindfulness*, est une pratique efficace pour cultiver la flexibilité psychologique. Elle consiste à être pleinement présent à l'instant, sans jugement, et à accueillir toutes les pensées et émotions telles qu'elles sont. Cette pratique aide à dissocier les pensées de la réalité et à éviter de se laisser emporter par elles de manière automatique. En intégrant des exercices de méditation quotidienne, on peut progressivement renforcer cette compétence et l'appliquer dans des situations de la vie courante.

• **Acceptation des émotions :** Apprendre à accepter plutôt qu'à éviter les émotions inconfortables est une étape clé. Identifier ce qui parle en soi au moment où l'émotion arrive aussi : Suis-je là à partir de mon ego ? De mon âme ? Suis-je aligné ?

Le mot que je pose est-il juste, en toute conscience ? L'acceptation ne signifie pas la résignation, mais plutôt la reconnaissance des émotions comme des expériences temporaires qui ne doivent pas nécessairement dicter nos actions. Cette approche permet de rester engagé dans des actions significatives même lorsque des émotions difficiles surgissent. Par exemple, un étudiant peut ressentir de l'anxiété avant un examen, mais en acceptant cette émotion sans y résister, il peut se concentrer sur ses révisions et optimiser ses performances. Il est juste « avec » son émotion sans être « dedans. »

• **Clarification des valeurs :** Identifier ce qui est vraiment important pour soi permet de rester orienté vers ses objectifs, même en présence de pensées ou d'émotions perturbatrices. Cette clarté aide à prendre des décisions alignées avec ses valeurs profondes et à agir en conséquence. Pour cela, il est utile de régulièrement revisiter ses valeurs et de s'assurer que ses actions quotidiennes les reflètent. Par exemple, si une de vos valeurs est la famille, vous pourriez décider de passer plus de temps de qualité avec vos proches malgré une charge de travail élevée.

• **Engagement dans l'action :** S'engager dans des actions qui sont en accord avec ses valeurs, même lorsque cela est difficile, renforce la flexibilité psychologique. Cela peut impliquer de persévérer dans des tâches malgré la frustration ou de continuer à collaborer avec des collègues malgré les désaccords. Cet engagement nécessite souvent du courage et de la détermination, mais il est essentiel pour construire une vie riche et pleine de sens. Par exemple, un entrepreneur peut rencontrer de nombreux obstacles en lançant son entreprise, mais en restant engagé envers sa vision et ses valeurs, il peut surmonter ces défis et réussir.

Le passage du « Je » au « Nous » n'est pas un simple ajustement comportemental, mais une transformation profonde qui nécessite donc une flexibilité psychologique soutenue et nourrie par des pratiques intentionnelles et conscientes. Cette approche holistique et introspective est centrale pour MetoWe, où chaque membre du collectif peut trouver sa place tout en respectant et en valorisant les différences de chacun. La flexibilité psychologique, ainsi cultivée, devient un pilier pour des relations plus profondes et une vie collective plus riche et plus significative. Elle se ressent alors « dans les muscles », et pas uniquement dans la tête.

2) Une Condition : comprendre les mathématiques de la relation

Dans certains collectifs, la dynamique peut parfois sembler mystique, presque magique. Comment expliquer que certaines équipes réussissent à produire des résultats spectaculaires, tandis que d'autres échouent tristement malgré des talents individuels indéniables ? Ces différentes réalités peuvent être exprimées à travers des formules mathématiques simples qui illustrent les différentes dynamiques de groupe : « 1 + 1 = 3 », « 1 + 1 = 2 », « 1 + 1 = 1 », « 1 + 1 = 0 », et « 1 + 1 = -1. » En explorant ces équations, nous pouvons mieux comprendre l'importance de la flexibilité psychologique et de l'approche MetoWe pour favoriser une collaboration fructueuse.

1 + 1 = 3 ou plus : La synergie collective

- Le cas le plus recherché dans toute collaboration est celui où le collectif dépasse la simple somme de ses parties. Ici, « 1 + 1 = 3 » symbolise une synergie où les interactions entre les membres de l'équipe génèrent des résultats bien supérieurs à ce que chaque individu aurait pu accomplir seul. Cette synergie est le fruit d'une collaboration harmonieuse où chaque membre apporte non seulement ses compétences et connaissances, mais aussi une énergie qui inspire et motive les autres.

• **Exemple :** Imaginez une équipe de chercheurs scientifiques travaillant sur un projet complexe. Chaque chercheur apporte ses connaissances spécialisées, mais c'est leur capacité à collaborer ensemble, à échanger des idées et à co-créer des solutions qui permet de faire des découvertes disruptives. La combinaison de leurs efforts, amplifiée par une communication ouverte et une confiance mutuelle, produit des résultats qui dépassent de loin la somme de leurs contributions individuelles.

1 + 1 = -1 : La dynamique destructrice

• À l'opposé du spectre, nous trouvons « 1 + 1 = -1 », une situation où la collaboration non seulement échoue à produire des résultats positifs, mais engendre des conflits et des tensions qui détériorent le potentiel collectif. Ici, les interactions entre les membres de l'équipe créent des frictions destructrices, souvent dues à des malentendus, des différences de valeurs, ou un manque de respect mutuel.

• **Exemple :** Considérons une équipe de développement de produit où deux membres clés ont des visions opposées sur la direction à prendre. Plutôt que de chercher à comprendre les perspectives de chacun, ils s'engagent dans des confrontations stériles. Cette dynamique crée une atmosphère toxique qui non seulement freine le progrès, mais entraîne également une démotivation générale et un épuisement émotionnel.

1 + 1 = 0 : La stagnation collective

• La situation « 1 + 1 = 0 » reflète un état où les efforts des membres de l'équipe s'annulent mutuellement, résultant en une stagnation plutôt qu'en une progression. Cette dynamique peut survenir lorsque les membres de l'équipe ne parviennent pas à aligner leurs efforts vers un objectif commun ou lorsque des divergences non résolues bloquent le progrès collectif.

• **Exemple :** Imaginez une équipe marketing où chacun travaille de manière isolée sans réelle coordination. Les efforts déployés par certains membres pour lancer une campagne peuvent être sapés par l'indifférence ou le manque de soutien des autres. Au final, malgré des efforts individuels considérables, l'équipe n'avance pas et les objectifs ne sont pas atteints.

1 + 1 = 1 : L'individualisme collectif

• Dans le scénario « 1 + 1 = 1 », les membres de l'équipe agissent de manière autonome sans réelle interaction ou influence mutuelle. Deux personnes produisent le même résultat que une seule. Chaque individu peut accomplir ses tâches, mais l'absence de collaboration signifie que le potentiel collectif reste inexploité. Cette dynamique est souvent le résultat d'un manque de cohésion ou d'une culture d'équipe déficiente.

• **Exemple :** Prenons une équipe de projet où chaque membre travaille dans son coin, se concentrant uniquement sur ses propres responsabilités sans partager d'informations ou de ressources. Même si chacun remplit ses tâches, l'absence de synergie et de collaboration signifie que les opportunités d'amélioration et d'innovation sont perdues.

1 + 1 = 2 : La somme des parties

• Enfin, « 1 + 1 = 2 » représente une situation où la collaboration produit des résultats équivalents à la somme des contributions individuelles, sans synergie ni perte. Cette dynamique, bien que positive, manque souvent du potentiel transformationnel que la vraie collaboration peut apporter.

• **Exemple :** Une équipe de développement logiciel

où chaque membre exécute ses tâches assignées de manière efficace et ponctuelle, mais sans véritable interaction ou innovation collaborative. Les objectifs sont atteints, mais sans la créativité ou l'innovation qui pourrait découler d'une collaboration plus profonde.

Les mathématiques de la collaboration nous rappellent que le potentiel collectif peut être extraordinairement positif ou dangereusement négatif. La question centrale ici est *« Sommes-nous suffisamment matures pour accepter toutes les équations des mathématiques de la collaboration ? »*

L'intelligence du lien c'est donc faire l'expérience de l'une ou de l'autre à divers moments. Les moments de « 1 + 1 = 3 » sont des heures étoilées dans la vie d'un groupe mais ils ne doivent pas exclure la réalité des autres équations de l'intelligence collective. Rejoindre un collectif, c'est à la fois accepter le -1, le 0, le 3 tout en déployant les ingrédients d'une dynamique plus grande que la somme des parties.

3) Une nuance Importante : être centré « sur soi » ou centré « en soi » ?

Dans notre quête de développement personnel et de bien-être collectif, il est crucial de comprendre la différence entre *« être centré sur soi »* et *« être centré en soi »*. Cette distinction, subtile mais fondamentale, joue un rôle clé qui encourage le passage du « Je » au « Nous. » Plutôt que de juger les comportements, nous vous invitons à considérer cette différence pour favoriser une vie plus harmonieuse et alignée avec vos valeurs profondes.

Être centré en soi :
Une connexion authentique avec ce qui est là

Être centré en Soi signifie être profondément connecté à son essence, à ce qui nous définit au plus profond de notre être. C'est un état de présence où nous sommes en contact avec nos valeurs, nos aspirations et nos émotions. Cette connexion authentique nous permet d'agir de manière alignée avec ce qui compte vraiment pour nous, indépendamment des influences externes ou des pressions sociales. Elle permet d'être dans le « Toi et Moi » plutôt que dans le « Toi ou Moi ».

- **Exemple :** Imaginez une personne qui choisit une carrière en accord avec ses passions et ses valeurs, malgré les attentes de sa famille ou de la société. En étant centré en elle, elle est capable de suivre son propre chemin avec confiance et détermination, trouvant ainsi un sens et une satisfaction profonde dans ce qu'elle fait.

Dans le modèle MetoWe, *être centré en Soi* est encouragé comme un moyen de renforcer notre *intégrité* et notre *responsabilité*. Cela nous permet de contribuer au collectif de manière significative, en apportant notre véritable *essence* à chaque interaction et à chaque collaboration.

- **Un exemple d'alignement en soi :** 4 questions permettent d'agir à partir de cette posture « Centrée en soi ». Avant de répondre à une sollicitation, prenez conscience de qui est là pour vous lorsque vous vous demandez : *« Est-ce que je veux le faire ? »*, *« Est-ce que je sais le faire ? »*, *« Est-ce que je peux le faire ? »*, *« Est ce que c'est de ma responsabilité ? »* Et ensuite décider en conscience.

Être centré sur soi : Une focalisation sur ses besoins et désirs personnels

À l'inverse, *être centré sur soi* implique une focalisation excessive sur ses propres besoins, désirs et perspectives, souvent au détriment des autres. Cela peut mener à des comportements égocentriques où l'on cherche à satisfaire ses propres intérêts sans considération pour l'impact sur le collectif. Le « Toi« ou « Moi« domine, la pensée derrière est exclusive. Cet état est souvent marqué par un manque d'empathie et de compassion pour les autres, créant des tensions et des conflits dans les interactions.

- **Exemple :** Pensez à quelqu'un dans une équipe de travail qui monopolise les ressources et les crédits pour les succès du groupe, ignorant les contributions et les besoins des autres membres de l'équipe. Cette personne, en étant centrée sur elle, peut nuire à la cohésion et à l'efficacité de l'équipe, générant frustration et ressentiment. Et ce comportement peut être justifié parce que « Je suis comme je suis, vous devez me prendre comme je suis », ou encore « L'intelligence collective, c'est faire ce qu'on veut comme on est ».

Dans l'approche MetoWe, nous ne portons pas de jugement moral sur les comportements centrés sur soi, mais nous invitons à reconnaître leur impact potentiel sur le collectif. En prenant conscience de cette dynamique, il devient possible de faire des choix plus alignés avec les valeurs partagées et le bien-être commun.

La transition du « Je » au « Nous » : Cultiver l'équilibre

La clé pour naviguer entre *être centré en soi* et *être centré sur soi* réside dans l'équilibre. Il est essentiel de reconnaître nos propres besoins et aspirations tout en restant conscient de notre rôle et des conséquences de nos actions au sein du collectif. Le modèle MetoWe propose des pratiques et des réflexions pour cultiver cet équilibre, favorisant une transition harmonieuse du « Je » au « Nous ».

Pratique de l'écoute active : L'écoute active consiste à vraiment prêter attention à ce que les autres disent, sans interrompre et sans préparer sa réponse pendant que l'autre parle. Cela permet de mieux comprendre les perspectives et les sentiments des autres, renforçant ainsi les relations et le travail d'équipe.

> • **Exemple :** Dans une réunion de projet, pratiquer l'écoute active peut aider à clarifier les malentendus et à construire des solutions communes. En écoutant vraiment chaque membre de l'équipe, la contribution de chacun est valorisée et une dynamique de respect et de collaboration se construit.

Développement de l'empathie : L'empathie est la capacité à comprendre et à partager les sentiments d'autrui. En développant cette compétence, nous pouvons mieux nous connecter aux autres et répondre à leurs besoins de manière plus compassionnelle et efficace.

- **Exemple :** Un manager qui fait preuve d'empathie envers ses employés peut créer un environnement de travail plus positif et soutenant, où chacun se sent compris et valorisé. Cela peut conduire à une meilleure productivité et à une plus grande satisfaction au travail.

Flexibilité comportementale : Être capable d'adapter son comportement en fonction des besoins de la situation et des autres personnes est une compétence clé pour être centré en Soi tout en étant attentif au collectif. Cela nécessite une ouverture d'esprit et une volonté de sortir de sa zone de confort.

- **Exemple :** Dans un contexte de négociation, montrer de la flexibilité et être prêt à ajuster ses demandes en fonction des réactions et des besoins de l'autre partie peut mener à des accords plus bénéfiques pour tous.

Création d'un espace de partage ouvert : Mettre en place des moments dédiés où les membres d'une équipe peuvent exprimer librement leurs idées, leurs préoccupations et leurs ressentis sans crainte de jugement. Cela favorise une culture de transparence et de confiance.

- **Exemple :** Une entreprise peut organiser des « cercles de parole »réguliers où chacun a l'opportunité de partager ses réflexions et ses suggestions pour améliorer le fonctionnement du groupe. Cela permet de découvrir des idées innovantes et de résoudre les problèmes avant qu'ils ne deviennent critiques.

Reconnaissance et célébration des contributions : Reconnaître et célébrer régulièrement les contributions de chacun renforce le sentiment d'appartenance et de valeur personnelle. Cela encourage les comportements centrés en Soi et montre que chaque effort est apprécié.

- **Exemple :** Lors de réunions d'équipe, prendre le temps de remercier spécifiquement les membres pour leurs contributions particulières peut motiver l'ensemble du groupe et renforcer la dynamique collective positive.

La différence entre être centré sur soi et être centré en soi est donc cruciale pour comprendre et améliorer nos dynamiques de groupe surtout parce que culturellement il existe une confusion entre les deux. En étant centré en soi, nous nous connectons à notre essence et agissons de manière authentique, en harmonie avec nos valeurs profondes. Cela nous permet de contribuer de manière significative au collectif, enrichissant ainsi un « Nous » porteur du « Je ».

Pratique d'un état centré en soi : L'ÉTAT COACH

Robert Dilts, célèbre développeur du modèle des niveaux logiques du changement, et son épouse Deborah ont très bien décrit cette approche centrée en soi et elle traduit avec beaucoup de pertinence la différence avec un état centré sur soi.

Pour eux, l'état COACH (Centré - Ouvert - Attentif - Connecté - Hospitalier) est à la fois une expérience et une discipline de l'art d'être « C : Centré en soi » physiquement, d'apprendre à revenir à soi en étant conscient de ses sensations physiques, de ses émotions, de ses pensées.

La différence avec l'état centré sur soi réside dans le « O » qui signifie « Ouvert. » Dans l'état centré sur soi, je suis conscient de mon monde intérieur en y étant complètement identifié, complètement fermé : « ma sensation », « mon émotion », « mon idée »… et dans la vie des équipes cela se traduit par « mon budget », « mon objectif », « mes ressources. »

Dans l'état COACH, je suis conscient d'une sensation, d'une émotion, d'une idée sans que je me l'approprie ni ne m'identifie avec, je ne me crispe pas sur elles et cela me permet de l'accueillir sans avoir à les défendre. Je peux rester ouvert sur l'extérieur.

Cette discipline de l'état COACH nous a amené à réaliser l'importance...

4) Une Approche : l'expérience vécue et partagée

Avec le temps, un quatrième prémisse a émergé avec une importance particulière : l'importance de passer par l'expérience pour mieux éprouver chaque dimension de l'intelligence du lien. Le modèle MetoWe est un modèle à vivre avant de le comprendre. C'est pourquoi les ateliers MetoWe sont avant tout expérientiels et ludiques. Chaque participant est invité à éprouver chaque dimension du modèle dans son corps pour mieux prendre conscience de sa relation à ces dimensions. Cette approche permet aussi de percevoir et de comprendre celle des autres membres de l'équipe. Ces exercices facilitent des conversations courageuses et authentiques pour éviter d'en faire des discussions trop théoriques.

Pourquoi l'approche corporelle et expérientielle est-elle importante en générale ?

L'approche corporelle et expérientielle ancre nos apprentissages dans le concret, nous permettant de vivre et de ressentir ce que nous apprenons de manière tangible. Cette méthode est particulièrement efficace pour plusieurs raisons :

- **Connexion à l'instant présent :** Notre corps est toujours dans l'instant présent. En prêtant attention à nos sensations physiques, nous pouvons rester ancrés dans l'ici et maintenant, ce qui est essentiel pour une pleine conscience et une réaction appropriée aux situations que nous rencontrons.

- **Connexion aux ressentis :** Les émotions sont ressenties dans le corps. Par exemple, la peur peut provoquer des tensions musculaires, tandis que la joie peut se manifester par une sensation de légèreté. En étant attentifs à nos sensations corporelles, nous pouvons devenir plus conscients de nos réactions spontanées. Notre corps nous parle de nous-même constamment, il suffit de l'écouter.

- **Intégration des apprentissages :** Les expériences concrètes et les sensations corporelles aident à ancrer les apprentissages dans notre mémoire, rendant ces connaissances plus durables et plus facilement accessibles dans notre quotidien.

- **Favoriser l'authenticité et l'ouverture :** « Le corps ne ment pas. » Les exercices proposés aident à créer un environnement où chacun se sent en sécurité pour vivre et partager son expérience. Cela est crucial pour des conversations courageuses et authentiques, où les membres de l'équipe peuvent aborder avec confiance les 4 dimensions de MetoWe.

• **Développer la conscience de soi et des autres :** L'approche corporelle et expérientielle de MetoWe aide à développer une conscience de soi et des autres de manière profonde et significative. En prenant conscience de nos sensations corporelles, nous pouvons mieux comprendre nos propres états émotionnels et réactions. Cela nous permet également de reconnaître nos patterns et nos préférences.

De plus, en observant les signaux corporels des autres, nous pouvons développer une empathie plus grande et une meilleure compréhension de leurs patterns et de leurs préférences. Cette conscience de l'autre renforce les relations interpersonnelles et favorise une collaboration harmonieuse.

• **Accepter les différences :** L'approche expérientielle nous aide également à accepter les différences. En reconnaissant que chacun éprouve chaque dimension du modèle différemment, nous pouvons mieux accepter et respecter ces différences. Les exercices somatiques offrent un espace sécurisé pour explorer ces différences et apprendre à les valoriser.

• **Faciliter des conversations courageuses :** Les pratiques corporelles et expérientielles créent un environnement propice à des conversations courageuses. En fait, elles ne sont que ça : les 4 piliers de MetoWe, l'intelligence du lien ne sont que des prétextes à des conversations courageuses sur la qualité du lien. En étant plus conscients de nos sensations corporelles et de nos ressentis, nous pouvons aborder les sujets soulevés par MetoWe avec plus de clarté et de confiance. Nous décrochons du cognitif. En partageant notre expérience avec les autres membres de l'équipe, nous ouvrons la voie à des dialogues authentiques et profonds.

Ces pratiques nous aident donc à ancrer nos expériences, à expérimenter nos différences en sécurité grâce à un environnement où l'authenticité, l'empathie et le respect mutuel prédominent. En reconnaissant et en honorant l'importance du corps dans ce processus, nous pouvons créer des environnements où le « Je » et le « Nous » ne sont pas juste un concept mais réellement une expérience éprouvée qui peut ensuite se partager dans la joie et le plaisir !

Résumé des points clés du Chapitre 2 :

• Le modèle MetoWe repose sur quatre prémisses fondamentales, dont l'importance de la flexibilité psychologique, la différence entre « Être centré en soi » et « Être centré sur soi », les mathématiques de la relation et l'importance du corps pour mieux se connaître et permettre au lien d'être vivant et vivifiant.

Pour aller plus loin :

• Pratiquez des exercices de pleine conscience pour améliorer votre flexibilité psychologique, en étant plus attentif à vos émotions et à vos valeurs dans des situations de stress. Posez-vous la question par exemple « Comment ça va ? » pour identifier votre état émotionnel et « Si ça me touche, c'est que ça touche à une de mes valeurs, laquelle ? » pour identifier vos valeurs.

• Suis-je conscient des moments dans mes communautés d'appartenance où je suis « centré sur moi » et des moments où je suis « centré en moi » ? Quelle différence cela fait-il ?

• Durant une prochaine réunion dans un collectif, observez les réactions de votre corps au fur et à mesure de la conversation. Soyez curieux des moments ou des signes de détente sont présents et des moments ou des signes de tension apparaissent. Et faites le lien avec ce qui est en train de se vivre et de se dire dans le groupe.

Ces 4 prémisses étant maintenant posées, découvrons maintenant les 4 piliers du modèle MetoWe.

CHAPITRE 3

NOURRIR LE LIEN
Le modèle « MetoWe, l'intelligence du lien »

« Ce n'est pas sa beauté, sa force et son esprit que j'aime chez une personne, mais l'intelligence du lien qu'elle a su nouer avec la vie. »

—Christian Bobin

Les 4 piliers de MetoWe

Le modèle MetoWe explore les 4 dimensions de la qualité des liens dans les collectifs et décrit avec simplicité les facteurs qui contribuent à leur réussite.

Ces 4 piliers constituent dans notre expérience de facilitateurs les 20% qui créent 80% des problématiques collectives. Ou malheureusement les 20% qui manquent souvent et qui créent 80% de problématiques collectives.

Ces 4 facteurs peuvent être résumés en 4 compétences qui sont plus ou moins présentes chez chacun des participants. Les voici :

- **Dimension 1 :** Capacité à se relier à soi-même, à être conscient de soi et à s'assumer.

- **Dimension 2 :** Capacité à se lier à l'autre, et à construire une confiance mutuelle

- **Dimension 3 :** Capacité à se délier de l'autre, à exprimer et accueillir la différence.

- **Dimension 4 :** Capacité à s'allier à plus grand que soi, à trouver et prendre sa place dans le nous.

MEtoWE
L'intelligence du lien
S'ALLIER À PLUS GRAND QUE SOI
SE LIER À L'AUTRE
SE DÉLIER DE L'AUTRE
SE RELIER À SOI
LE MODÈLE MEtoWE
L'Intelligence du Lien
MEtoWE

Interconnexion des dimensions du modèle MetoWe

Dans l'enfance, selon les modèles de psychologie du développement, le modèle MetoWe commencerait par « Se lier à l'autre » parce que le lien à soi se construit à travers l'autre. À l'âge adulte, « Se relier à soi » comme source du « Je » vers le « Nous » nous a semblé plus cohérent.

Se relier à soi-même est essentiel pour apporter une contribution authentique et alignée au collectif. Cette dimension implique une introspection et une compréhension profonde de son essence, de son potentiel autant que ses limites, et de son ombre.

Alors vient la capacité à se lier à l'autre en confiance. La confiance mutuelle est essentielle pour toute interaction positive au sein d'un collectif. Quand les membres d'une équipe se lient les uns aux autres, ils créent une base solide de confiance et de respect d'ou peut s'exprimer la vulnérabiité des uns et des autres.

La capacité à se délier de l'autre, ou à exprimer et accueillir les différences, est essentielle pour maintenir un environnement dynamique et adaptable. Reconnaître et accepter la diversité des perspectives enrichit les discussions et stimule l'innovation.

S'allier à plus grand que soi implique de travailler ensemble vers des objectifs communs qui incluent et transcendent nos intérêts individuels. Cette dimension est le sommet de la pyramide des interactions collectives, où la synergie et la collaboration atteignent leur maximum.

Structure des chapitres

Dans cette partie, nous vous présentons chaque dimension de l'approche MetoWe. Afin de vous aider à vous repérer, elles sont toutes décrites sur le modèle suivant :

- **Leurs enjeux :** Chaque dimension de MetoWe soulève des enjeux de dynamiques d'équipes spécifiques.

- **Leurs risques :** Chaque dimension de MetoWe possède en elle-même un potentiel et un risque associé. Vous les trouverez ici.

- **Les questions de l'index Metowe associées :** les 4 compétences de « MetoWe l'intelligence du lien » se mesurent au travers d'un test en ligne gratuit de 56 questions. Vous retrouverez dans chaque partie les 14 questions du test en lien avec chacune des dimensions du modèle.

- **Les modèles associés :** Avec l'expérience nous avons identifié des parallèles entre le modèle MetoWe et d'autres modèles de référence existants qui viennent soutenir sa compréhension. Nous les partagerons ici.

- **Les outils :** Ici, nous partagerons avec vous des outils et des pratiques qui permettent de renforcer la dimension MetoWe abordée.

- **Arts, Histoire et Nature :** Prenons de la hauteur et allons voir dans les arts, dans l'histoire, et la nature comment chaque dimension de MetoWe y est exprimée.

- **Ce que dit la science :** Nous partagerons aussi ce que dit la science et notamment les principales méta-analyses récentes sur chaque dimension du modèle. Pour rappel, toutes les référence scientifiques citées dans cette partie sont dans la partie bibliographie.

Dimension 1 - La Capacité à Se Relier à Soi et à s'assumer :

Suis-je conscient et capable de m'assumer ? Puis-je voir les autres comme responsables ?

> *« Les grands leaders ne sont pas seulement ceux qui inspirent les autres, mais aussi ceux qui savent se gérer eux-mêmes avec discipline et intégrité. L'indépendance commence par l'auto-discipline et l'auto-responsabilité. »*
>
> —Jim Collins

Enjeux

Se relier – définition : Lier des choses ensemble, les réunir, les joindre d'une façon ou d'une autre. Faire communiquer, connecter, faire correspondre.

La capacité à se relier à soi est une dimension fondamentale dans le modèle MetoWe, car elle constitue la base de l'authenticité et de l'intégrité personnelle. Se relier à soi-même signifie développer une conscience de ses propres valeurs, émotions et besoins pour mieux s'assumer. Cette dimension est cruciale pour permettre aux individus de se positionner de manière claire et authentique dans leurs interactions avec les autres sans être « Contre« ou « En réaction » (Voir Dimension 3). Leur « oui« est un vrai « oui ».

Capacité à se Positionner et à se Repositionner

Se relier à soi implique la capacité à se positionner, c'est-à-dire à exprimer clairement ses convictions, ses besoins et ses limites. Cette capacité est essentielle pour établir des relations saines et équilibrées, tant dans le contexte professionnel que personnel. Un individu qui sait se positionner de manière authentique est capable de contribuer de manière significative à l'équipe, en apportant des perspectives uniques et en prenant des décisions alignées avec ses valeurs profondes. Encore une fois il y a ce que l'on a à dire et la façon de le dire.

En outre, la capacité à se repositionner est tout aussi importante. Elle consiste à réévaluer et à ajuster ses positions en fonction des nouvelles informations, des changements de contexte ou des feedbacks reçus. Cette flexibilité est cruciale pour éviter la rigidité et l'entêtement, qui peuvent nuire à la dynamique d'équipe. Se repositionner ne signifie pas renoncer à ses valeurs, mais plutôt faire preuve de souplesse et d'ouverture face aux évolutions et aux besoins du collectif.

S'assumer en tant que capacité à être cohérent

L'importance de s'assumer réside dans la cohérence entre la pensée, la parole et l'action. Cela signifie penser ce que l'on dit, dire ce que l'on pense et ressent, faire ce que l'on dit, et dire ce que l'on fait. Cette intégrité personnelle est essentielle pour établir des relations de confiance et pour être perçu comme authentique et fiable par les autres. Lorsque les actions d'un individu reflètent ses paroles et ses pensées, il devient une force stable et inspirante au sein de l'équipe. Cette cohérence renforce la crédibilité et crée un environnement où chacun peut s'exprimer librement et honnêtement. Nous parlons alors de « marcher sa parole » comme disent les Anglo-Saxons.

La capacité à se relier à soi-même soulève donc des enjeux de dynamique d'équipe spécifiques. Elle permet de renforcer la confiance en soi et l'assertivité, tout en encourageant l'ouverture à l'autre et la collaboration. En développant cette compétence, les membres d'une équipe peuvent mieux comprendre leurs propres réactions et comportements, et ainsi mieux interagir avec les autres. Cela crée un environnement de travail où chacun peut s'exprimer librement, tout en respectant les différences et les besoins des autres.

Risques

Cependant, la capacité à se relier à soi comporte également des risques. Le principal risque est celui de la rigidité, souvent exprimée par une attitude de « moi, je. » Cette rigidité peut se manifester par un entêtement excessif, une incapacité à écouter et à intégrer les perspectives des autres, et une tendance à imposer ses propres vues sans tenir compte des besoins collectifs. Un individu rigide dans son « moi, je » peut créer des tensions et des conflits au sein de l'équipe, nuisant à la cohésion et à la collaboration.

La rigidité peut également conduire à une résistance au changement. Dans un environnement de travail en constante évolution, la capacité à s'adapter est cruciale.

Un individu trop rigide peut avoir du mal à accepter les nouvelles idées ou les ajustements nécessaires, ce qui peut freiner l'innovation et la croissance de l'équipe. Cette résistance peut aussi se traduire par une isolation progressive, où l'individu se coupe des interactions et des collaborations, limitant ainsi sa contribution et son développement personnel.

Un autre risque associé est celui de l'épuisement. Se relier à soi implique également de reconnaître et de respecter ses propres limites. Un individu qui ne parvient pas à s'écouter et à prendre soin de ses besoins personnels peut rapidement s'épuiser, ce qui affecte non seulement sa performance mais aussi sa santé mentale et émotionnelle. L'épuisement peut entraîner une baisse de motivation, une diminution de la qualité du travail et une augmentation des conflits interpersonnels.

Enfin, il y a le risque de l'ego. Se relier à soi-même ne doit pas être confondu avec l'égocentrisme. Un ego surdimensionné peut mener à des comportements arrogants et condescendants, où l'individu se perçoit comme supérieur aux autres et ne valorise pas les contributions des membres de l'équipe. Cela peut créer un climat toxique et démotivant, où la collaboration est entravée par des rivalités et des ressentiments.

Les questions de l'index Metowe associées :

Dans l'index MetoWe, cette dimension évalue la capacité d'un individu à se connaître et à s'assumer pleinement, notamment à travers l'autonomie, la responsabilité personnelle, la gestion de soi, et la motivation intrinsèque. Elle inclut également la capacité à organiser son travail, à planifier ses actions, à gérer son temps, et à faire face aux défis avec confiance.

1. Je sais clarifier mon périmètre d'intervention : Mesure la capacité à délimiter son rôle et ses responsabilités.

2. J'aime décider et maîtriser ce que je fais : Évalue le plaisir à être autonome dans la prise de décision.

3. On dit de moi que je suis une personne plutôt authentique : Évalue la perception d'authenticité par autrui.

4. **Je sais m'organiser et planifier mon travail de manière autonome, sans avoir besoin d'une structure claire et de directives précises de la part des autres :** Évalue l'autonomie dans l'organisation personnelle.

5. **Je me sens à l'aise pour prendre des initiatives et pour diriger des projets sans être dirigé par les autres :** Mesure la proactivité et la capacité à s'auto-diriger.

6. **J'ai suffisamment d'expérience pour faire face aux challenges qui se présentent :** Évalue la confiance en soi dans les situations complexes.

7. **On dit de moi que je fais ce que j'ai à faire, indépendamment des autres :** Mesure l'indépendance dans l'accomplissement des tâches.

8. **J'assume ma différence :** Mesure l'acceptation de soi et de son unicité.

9. **Je suis capable de prendre des décisions sans avoir constamment besoin de l'approbation des autres membres de l'équipe :** Mesure l'autonomie dans la prise de décisions.

10. **On dit de moi que je suis quelqu'un de responsable :** Évalue la perception de la responsabilité par les autres.

11. **Je prends des initiatives pour résoudre les problèmes ou les obstacles rencontrés dans mon travail :** Mesure la proactivité dans la résolution de problèmes.

12. **Je suis capable de maintenir une motivation intrinsèque et une productivité élevée sans avoir constamment besoin de l'encouragement ou de la reconnaissance des autres :** Évalue l'autonomie motivationnelle.

13. **Je sais argumenter mes choix :** Mesure la capacité à défendre ses décisions.

14. **Je me sens à l'aise pour exprimer mes besoins :** Évalue la capacité à exprimer ses attentes et ses besoins.

Dans la capacité à s'assumer il est très important de reconnaître ses forces et ses points de fragilité. Dans un collectif notre propre style d'attachement peut en être un.

Modèle des Styles d'Attachement de John Bowlby et Mary Ainsworth (1969)

Le modèle des styles d'attachement de John Bowlby identifie quatre principaux styles d'attachement développés durant l'enfance et influençant les relations à l'âge adulte : sécurisant, évitant, ambivalent/anxieux et désorganisé. Si vous observez bien, on en voit les manifestations concrètes dans les dynamiques collectives.

Et même si un manager n'est pas un « psy », avoir connaissance de ces styles d'attachement peut vraiment donner du sens aux comportements de certains de ses collaborateurs.

Attachement Sécurisant

Les individus avec un style d'attachement sécurisant peuvent aisément créer et maintenir des relations de confiance. Ils servent souvent de modèles de comportement, encourageant une communication ouverte et honnête. Leur capacité à naviguer entre l'autonomie et la collaboration favorise une dynamique d'équipe harmonieuse où chacun se sent en sécurité pour exprimer ses idées et ses besoins.

Attachement Évitant

Les individus avec un style d'attachement évitant peuvent avoir tendance à éviter les conflits ou les interactions trop proches.

Pour ces membres, il est crucial de créer un environnement qui valorise l'indépendance tout en encourageant graduellement la participation et l'engagement collectif. Des pratiques comme les cercles de parole peuvent aider à réduire les barrières et à promouvoir une interaction plus ouverte.

Attachement Ambivalent/Anxieux

Les personnes avec un style d'attachement ambivalent/

MEtoWE
L'intelligence du lien

Sécurisant
Proche & Indépendant

Évitant
Fuite de l'intimité

Ambivalent/
Anxieux
Dépendance affective

Désorganisé
Imprévisible et chaotique

LES STYLES D'ATTACHEMENT
D'après John Bowlby et Marie Ainsworth, 1969

anxieux peuvent éprouver des difficultés à gérer leur besoin de proximité et leur peur de l'abandon. Il est essentiel de leur offrir un soutien constant et des assurances sur leur valeur au sein de l'équipe. Des sessions de feedback régulières et des activités de renforcement de l'équipe peuvent aider à construire leur confiance et leur sentiment de sécurité.

Attachement Désorganisé

Les individus avec un style d'attachement désorganisé peuvent montrer des comportements incohérents et perturbateurs dans un environnement de travail. Il s'agit ici de mettre en place des structures claires et un encadrement bienveillant pour ces membres. Leur offrir un soutien et des repères stables, facilitant leur intégration et leur participation productive à l'équipe peut être nécessaire.

Application au Modèle MetoWe

Dans le modèle MetoWe, la compréhension des styles d'attachement de Bowlby permet de créer un environnement où la confiance peut s'épanouir parce que chacun se connaît et assume son propre style, voire même est capable de le partager avec l'ensemble de l'équipe. Un style d'attachement sécurisant favorise des relations de travail basées sur la confiance et la coopération.

Identifier et comprendre les styles d'attachement évitant et anxieux dans une équipe permet de mettre en place des stratégies pour encourager l'ouverture et réduire les peurs. En intégrant ces connaissances, MetoWe peut aider les membres de l'équipe à naviguer entre autonomie et collaboration, facilitant ainsi le passage du « Je » au « Nous » de manière équilibrée et efficace.

Outils

À l'opposé de connaître ses points de vigilance, identifier ses forces et ses valeurs pour mieux les offrir au collectif est une vraie compétence dans « se relier à soi. » C'est ce que propose le modèle Values in Action.

Modèle Values in Action (VIA) de Christopher Peterson et Martin Seligman

Le modèle Values in Action (VIA) de Peterson et Seligman identifie 24 forces de caractère réparties en six vertus universelles : sagesse, courage, humanité, justice, tempérance et transcendance. Ces forces de caractère comprennent la créativité, la curiosité, l'ouverture d'esprit, l'amour de l'apprentissage, la perspective, la bravoure, la persévérance, l'honnêteté, l'enthousiasme, l'amour, la gentillesse, l'intelligence sociale, le civisme, l'impartialité, le leadership, le pardon, l'humilité, la prudence, la maîtrise de soi, l'appréciation de la beauté et de l'excellence, la gratitude, l'espoir, l'humour et la spiritualité. Ce modèle vise à promouvoir le bien-être en mettant l'accent sur les forces positives des individus, plutôt que sur leurs pathologies. Chaque force de caractère contribue au développement personnel et à la qualité des relations interpersonnelles.

Applications du Modèle MetoWe

Dans le cadre de MetoWe, utiliser le modèle VIA pour renforcer la confiance signifie identifier et valoriser les forces de chaque membre de l'équipe. Connaître et se relier à ses propres forces est essentiel pour se positionner authentiquement. Par exemple, en reconnaissant la bravoure d'un collègue qui exprime des idées novatrices ou l'équité d'un leader qui traite tout le monde avec justice, on renforce la confiance et la cohésion du groupe. L'accompagnement MetoWe peut ainsi créer un environnement où les forces de caractère sont célébrées, encourageant chaque individu à contribuer de manière authentique et alignée avec ses valeurs. Cette reconnaissance des forces facilite la capacité de chaque membre à se relier à lui-même, à exprimer ses talents uniques et à participer pleinement au collectif, facilitant le passage du « Je » au « Nous ».

NB : Le test Values in Action est disponible gratuitement sur internet. Faites en profiter les équipes que vous accompagnez (non affilié).

L'échelle de responsabilité individuelle

Il existe des degrés de responsabilité. L'échelle de responsabilité en équipe inspirée de Bruce Gordon explore la progression d'un état d'inconscience des responsabilités à un engagement profond pour l'amélioration et l'innovation continue au sein de l'équipe.

Cette approche permet aux leaders et aux membres d'équipe de diagnostiquer et d'orienter leurs efforts pour cultiver une collaboration plus responsable et efficace. Il est parfois intéressant de demander à une équipe de faire la liste de ses enjeux et de lui demander d'évaluer son niveau de responsabilité au regard de ces enjeux.

1. Inconscience

– Description : Ignorance ou déni des responsabilités.

– Comportement : Ne pas reconnaître les problèmes.

– Phrase Clé : « Je ne vois pas le problème ».

– Impact Organisationnel : Mène à des erreurs répétées et à un manque d'initiative.

2. Réactivité

– Description : Réaction défensive face aux défis.

– Comportement : Blâmer les autres et justifier les échecs.

– Phrase Clé : « Ce n'est pas ma faute, c'est à cause de »…

– Impact Organisationnel : Crée un environnement de travail négatif et inefficace.

3. Passivité

– Description : Attente passive de directives ou de changements.

– Comportement : Faire le minimum requis, éviter l'engagement.

– Phrase Clé : « Je fais juste ce qu'on me dit de faire ».

– Impact Organisationnel : Diminution de la productivité et de l'innovation.

4. Proactivité Conditionnelle

– Description : Engagement sous conditions.

– Comportement : Accepter des responsabilités avec des réserves.

– Phrase Clé : « Je peux aider, mais seulement si… »

– Impact Organisationnel : Amélioration temporaire sans résolution durable.

5. Engagement Actif

– Description : Participation active à la résolution de problèmes.

– Comportement : Proposer et mettre en œuvre des solutions.

– Phrase Clé : « Voici un problème, je propose cette solution. »

– Impact Organisationnel : Augmentation de la performance et de la collaboration.

6. Responsabilité Intégrale

– Description : Leadership en responsabilité et innovation.

– Comportement : Inspirer et élever les standards d'équipe.

– Phrase Clé : « Comment pouvons–nous améliorer cela ensemble ? »

– Impact Organisationnel : Création d'une culture de responsabilité et d'excellence.

Arts, Histoire et Nature

Prenons de la hauteur et voyons comment la capacité à se relier à soi s'exprime dans les arts, l'histoire et la nature. Ces domaines offrent des perspectives enrichissantes et inspirantes sur l'importance de cette compétence.

Dans les Arts

Dans les arts, de nombreuses chansons françaises expriment l'idée d'indépendance et de connexion à soi. Par exemple, la chanson « Non, je ne regrette rien » d'Édith Piaf illustre la capacité à s'assumer pleinement, sans regrets, en acceptant et en étant fier de son parcours de vie. Piaf chante avec conviction, montrant comment la prise de responsabilité et l'acceptation de soi peuvent inspirer une grande force intérieure.

De même, la chanson « Je te promets » de Johnny Hallyday incarne un remarquable sentiment d'authenticité et de vulnérabilité. En exprimant ses engagements et ses incertitudes, Hallyday met en lumière la complexité de ses émotions et la profondeur de ses sentiments amoureux. Cette œuvre illustre combien l'ouverture émotionnelle et l'expression sincère peuvent approfondir la compréhension de soi. Elle montre comment l'authenticité et la capacité à partager ses émotions sont essentielles pour tisser des liens plus forts avec les autres.

Dans l'Histoire

L'histoire française offre des exemples d'individus qui ont su se relier à eux-mêmes pour naviguer dans des périodes de changement et de défi. Jeanne d'Arc, par exemple, a montré une remarquable capacité à se relier à ses convictions profondes, même face à des adversités extrêmes. Sa capacité à maintenir son intégrité personnelle et à inspirer les autres a joué un rôle crucial dans l'histoire de France.

Les philosophes des Lumières, comme Jean-Jacques Rousseau, ont également prôné l'importance de l'introspection et de la conscience de soi. Dans ses œuvres, Rousseau explore la nature humaine et la nécessité de vivre en accord avec ses valeurs profondes. Ses réflexions sur la liberté individuelle et l'authenticité personnelle sont des sources d'inspiration pour comprendre l'importance de se relier à soi.

MEtoWE
L'intelligence du lien
Responsable
Engagé actif
Proactif conditionnel
Passif
Réactif
Inconscient
L'ÉCHELLE DE RESPONSABILITÉ
Inspiré de Bruce Gordon

Dans la Nature

La nature nous offre de nombreuses leçons sur la capacité à se relier à soi, bien qu'il soit souvent difficile de trouver des exemples d'indépendance totale en raison de l'interdépendance inhérente des écosystèmes. Cependant, certains exemples peuvent illustrer cette idée.

Les animaux solitaires, comme le lynx ou l'ours, illustrent l'importance de l'autonomie et de la connexion à soi. Ces animaux passent une grande partie de leur vie seuls, naviguant par leurs propres instincts et besoins. Leur mode de vie démontre comment l'autosuffisance et l'indépendance peuvent être essentielles à leur survie.

Les plantes pionnières, qui sont les premières à coloniser des environnements difficiles, montrent également une forme d'indépendance. Elles doivent s'adapter rapidement et se développer sans l'aide d'un écosystème établi, illustrant la résilience et la capacité à s'épanouir grâce à leur propre force.

Ce que disent les études sur l'importance de la responsabilité individuelle dans les équipes

Sujet : **Importance de la Responsabilité (Accountability) dans les Équipes**

- Synthèse de la méta-analyse : La responsabilité est un facteur clé pour la performance des équipes. Une méta-analyse de 2013 a montré que les équipes avec un haut niveau de responsabilité partagée atteignent une performance supérieure grâce à une clarté des rôles et des attentes, ce qui réduit les comportements de déviance et améliore l'engagement collectif. Cette étude souligne également que la responsabilité individuelle au sein d'une équipe encourage une culture de feedback continu et de correction proactive, ce qui est crucial pour l'amélioration continue des processus et des résultats.

Sujet : **Responsabilité et Clarté des Objectifs**

- Synthèse de la méta-analyse : La clarté des objectifs et des attentes est renforcée par la responsabilisation dans les équipes. Une revue systématique de 2018 a démontré que les équipes qui mettent en place des mécanismes clairs de responsabilité individuelle et collective sont plus efficaces dans l'atteinte de leurs objectifs. La responsabilisation aide à aligner les efforts individuels avec les objectifs de l'équipe, réduisant ainsi les malentendus et les conflits internes.

Sujet : **Responsabilité et Performance Collective**

• Synthèse de la méta-analyse : Une méta-analyse a révélé que la responsabilité accrue dans les équipes conduit à une meilleure performance collective. L'étude a souligné que les équipes où les membres sont tenus responsables de leurs contributions voient une augmentation de l'engagement et de la satisfaction au travail. La responsabilisation favorise une culture de transparence et de confiance, où les membres se sentent valorisés et investis dans le succès collectif.

La capacité à se relier à soi est une compétence essentielle pour toute équipe souhaitant fonctionner de manière harmonieuse et efficace. Elle permet d'avoir des membres qui s'assument et sont dignes de confiance.

Ces personnes présentent un alignement entre « Je pense – Je dis », « Je ressens – Je dis » et « Je dis – Je fais » qui renforce l'impression d'intégrité et donc la confiance mutuelle. Elle permet d'éviter les deux écueils de la victimisation ou de la recherche de coupable.

Dimension 2 - La Capacité à se Lier à l'autre et à Construire la Confiance :

Suis-je en sécurité ? Les autres se sentent-ils en sécurité avec moi ?

« La meilleure façon de prédire l'avenir est de le créer. Dans ce processus, la confiance et la coopération au sein de l'équipe sont essentielles pour transformer les idées en actions concrètes. »
—Peter Drucker

Enjeux

Se lier – définition : créer des liens d'affection ou d'amitié avec quelqu'un. Cela implique un engagement émotionnel et le développement de relations interpersonnelles significatives. « Se lier » évoque l'idée de nouer des relations, de fraterniser ou de s'attacher à autrui, souvent dans un contexte d'amitié ou de solidarité.

La capacité à se lier et à construire la confiance est au cœur de toute dynamique d'équipe. Dans un monde de plus en plus connecté, mais paradoxalement souvent isolant, la création de liens authentiques et de confiance mutuelle est devenue une nécessité fondamentale pour toute équipe souhaitant atteindre des performances optimales. Les enjeux de cette dimension de MetoWe sont multiples et se déploient sur plusieurs niveaux.

Tout d'abord, la construction de la confiance permet de créer un environnement de travail où chacun se sent en sécurité pour exprimer ses idées, ses préoccupations et ses émotions. En un mot : être authentique.

Cette sécurité psychologique est essentielle pour favoriser l'innovation et la créativité. Lorsque les membres d'une équipe se sentent en confiance, ils osent se montrer vulnérables, s'appuyer les uns sur les autres, prendre des risques, proposer des solutions novatrices et sortir des sentiers battus. La confiance libère les potentiels et permet à chacun de donner le meilleur de lui-même.

Ensuite, la capacité à se lier facilite la coopération et la collaboration au sein de l'équipe. Les liens solides entre les membres permettent de fluidifier les échanges et de renforcer la cohésion du groupe. Comment imaginer une résolution de conflit sans confiance préalable ? La confiance crée un terreau fertile pour des relations de travail harmonieuses et productives.

Enfin, la construction de la confiance est un facteur clé de la résilience de l'équipe. Dans les moments de crise ou de stress, la confiance mutuelle permet de maintenir la solidarité et de surmonter les obstacles ensemble. Les équipes où la confiance est forte sont mieux équipées pour faire face aux défis et aux changements, car elles peuvent compter sur l'appui et la coopération de chacun de leurs membres.

Risques

Cependant, la capacité à se lier et à construire la confiance comporte également des risques, dont le principal est celui de la confiance aveugle. La confiance aveugle peut se manifester lorsque les membres d'une équipe accordent une confiance excessive et sans discernement à leurs collègues ou à leurs supérieurs. Cette forme de confiance, dépourvue de réflexion critique, peut mener à des situations problématiques et dangereuses.

Un des autres risques de la confiance aveugle est la complaisance. Lorsqu'une équipe fonctionne sur une base de confiance aveugle, ses membres peuvent cesser de questionner les décisions et les actions des autres, acceptant tout sans discernement. Cela peut conduire à des erreurs, à des abus de pouvoir et à des dérives éthiques. La confiance aveugle peut créer un climat où les comportements inappropriés ou les décisions douteuses passent inaperçus ou ne sont pas contestés, mettant ainsi en péril la performance et l'intégrité de l'équipe.

Un autre risque est celui de la dépendance excessive. La confiance aveugle peut encourager une dépendance trop forte des membres de l'équipe les uns envers les autres, au détriment de l'autonomie individuelle. Lorsque les membres d'une équipe deviennent trop dépendants de la validation et du soutien des autres, ils peuvent perdre leur capacité à prendre des initiatives et à résoudre des problèmes de manière indépendante. Cette dépendance excessive peut limiter la croissance personnelle et professionnelle des membres de l'équipe.

Enfin, la confiance aveugle peut également mener à des conflits de loyauté. Dans une équipe où la confiance est excessive et sans discernement, les membres peuvent se sentir obligés de soutenir des actions ou des décisions qu'ils savent être erronées ou injustes, par loyauté envers leurs collègues ou leurs supérieurs. Ces conflits de loyauté peuvent créer des tensions internes et nuire à la cohésion et à la performance de l'équipe.

Les questions de l'index Metowe associées :

Dans l'index MetoWe, cette dimension évalue la capacité d'un individu à créer et entretenir des relations de confiance, basées sur l'authenticité, l'intégrité, l'écoute mutuelle et la réciprocité, au sein d'une équipe. Cela inclut la capacité à solliciter de l'aide et à se montrer vulnérable, tout en favorisant la réussite collective.

1. **Je sais nouer des liens de confiance avec les membres de l'équipe :** Mesure la capacité à construire des relations de confiance sur le long terme.

2. **J'agis avec intégrité avec mes coéquipiers :** Évalue la cohérence entre les actions et les valeurs, clé pour inspirer la confiance.

3. **Je suis à l'aise pour prendre des initiatives dans notre équipe :** Évalue la proactivité dans un cadre collaboratif.

4. **Je sais solliciter du feedback auprès de mes coéquipiers lorsque j'en ai besoin :** Mesure la capacité à demander des retours constructifs pour s'améliorer.

5. **Je sais mesurer sur qui je peux m'appuyer dans l'équipe :** Évalue la capacité à identifier les soutiens au sein du groupe.

6. **Je me montre tel que je suis dans l'équipe :** Mesure l'authenticité et la transparence dans les interactions.

7. Dans l'équipe j'ai pu vérifier par l'expérience que je peux faire confiance : Évalue l'expérience vécue de la confiance dans le groupe.

8. Il m'arrive de solliciter de l'aide des autres membres de l'équipe pour accomplir mes tâches : Mesure la capacité à accepter l'aide des autres.

9. Les informations que je partage dans l'équipe sont sincères et authentiques : Évalue la sincérité des échanges dans l'équipe.

10. J'ose parler de mes doutes ou de mes erreurs dans l'équipe : Mesure la vulnérabilité et la transparence émotionnelle.

11. La réussite des autres membres de l'équipe est importante pour moi : Évalue la capacité à se soucier du succès collectif.

12. J'ose m'appuyer sur mes coéquipiers pour recevoir un soutien émotionnel lorsque nécessaire : Mesure la capacité à demander du soutien émotionnel.

13. Les autres se sentent en sécurité avec moi : Évalue l'impact perçu sur le climat de sécurité psychologique dans l'équipe.

14. J'ai confiance dans les bonnes intentions des membres de l'équipe à mon égard : Mesure la perception de la bienveillance des autres.

Modèles associés :

Les 3 dimensions de la confiance de Frei & Morris

Le modèle de confiance présenté par Frances Frei et Anne Morris repose sur trois piliers fondamentaux : l'authenticité, la logique et l'empathie. L'authenticité se traduit par la perception de l'autre comme étant véritable et sincère. La logique renvoie à la reconnaissance des compétences, du raisonnement et du jugement chez l'autre. L'empathie, quant à elle, signifie la présence d'une connexion émotionnelle ou que l'on croit que l'autre se soucie de nous et de notre succès. Ensemble, ces éléments forment la base sur laquelle la confiance se construit et se maintient. Ensemble, elles évitent aux membres du collectif d'avoir leurs 3F (Fight,

MEtoWE
L'intelligence du lien

Authenticité
Je fais l'expérience du vrai toi

Logique
Je sais que tu peux le faire
Ton raisonnement fait sens

Empathie
J'ai confiance que je suis
important pour toi et que
ma réussite compte pour toi

LES BASES DE LA CONFIANCE
D'après "Begin with trust", Frances Frei, Anne Morris, 2020

Freeze, Flight : attaquer, se figer, fuir) activées et permet de laisser leurs stratégies de défense au repos.

Applications du Modèle MetoWe

Dans le cadre du modèle MetoWe, ces trois piliers de la confiance sont essentiels pour passer du « Je » au « Nous ». L'authenticité permet à chaque membre de l'équipe de se montrer tel qu'il est, favorisant ainsi des relations sincères et profondes. La logique assure que les contributions de chacun sont valorisées et basées sur des compétences réelles, renforçant la crédibilité collective. Enfin, l'empathie crée un environnement où chacun se sent compris et soutenu, renforçant la cohésion et la solidarité. En intégrant ces piliers, MetoWe permet de bâtir des équipes où la confiance mutuelle est le fondement de toutes les interactions.

Les Limites de l'Authenticité et de l'Empathie dans les Équipes

Dans les équipes, l'authenticité et l'empathie sont souvent valorisées comme des qualités essentielles pour favoriser la confiance et renforcer les liens interpersonnels. Cependant ces qualités peuvent également présenter des limites lorsqu'elles ne sont pas équilibrées par d'autres compétences. Une authenticité excessive, exprimée sans discernement, peut engendrer des tensions et des divisions au sein de l'équipe. Lorsqu'un membre d'une équipe se sent libre d'exprimer tout ce qu'il pense sous couvert d'authenticité, cela peut mener à des conflits inutiles, miner la confiance et nuire à la cohésion du groupe. Peter Hawkins met en avant que l'authenticité, pour être réellement efficace, doit être accompagnée d'une prise en compte de l'impact de ses paroles sur les autres, et ne doit pas servir de prétexte pour une expression brutale ou insensible.

De même, l'empathie, bien qu'elle soit un élément crucial pour comprendre et soutenir les autres, peut devenir une limitation si elle mène à éviter les conflits ou à contourner les vérités difficiles.

L'empathie sans le courage d'affronter les réalités inconfortables peut aboutir à une culture de complaisance, où les membres de l'équipe préfèrent éviter les confrontations nécessaires. Cela peut freiner la croissance du groupe et empêcher le développement d'une véritable maturité relationnelle. Le courage est donc indispensable pour compléter l'empathie, permettant aux équipes de naviguer les défis de manière constructive tout en maintenant un équilibre sain entre le soutien et la confrontation nécessaire pour progresser. En définitive, l'authenticité et l'empathie doivent être intégrées dans un cadre où le courage et la responsabilité jouent un rôle central, afin de transformer les interactions d'équipe en véritables opportunités de croissance collective.

Modèle du Cycle du Contact

Le cycle du contact en Gestalt (Voir modèle de Fritz Perl page suivante) explique comment une personne interagit avec son entourage, que ce soit avec d'autres personnes. Ce processus débute par une phase d'émergence, appelée pré–contact, où l'individu prend conscience de ses désirs et doit déterminer ses priorités. Ensuite, la phase de contact se divise en deux moments : la mise en contact, où la personne identifie un besoin spécifique et commence à interagir avec son environnement, suivie du plein contact, caractérisé par un échange profond et enrichissant. La phase finale, le retrait, consiste à se détacher de l'expérience, à l'assimiler et à l'intégrer, ce qui prépare l'individu à entamer de nouveaux cycles de contact. Ce cycle est essentiel pour comprendre les interactions des individus avec leur monde et leur capacité à intégrer leurs expériences, renforçant ainsi leur confiance en eux.

Application au Modèle MetoWe

Dans le cadre du modèle MetoWe, le cycle du contact en Gestalt peut être appliqué pour créer et renforcer la confiance au sein de l'équipe. Voici comment chaque phase se traduit dans ce contexte :

MEtoWE
L'intelligence du lien

Plein Contact
Engagement total,
expérience pleinement vécue.
Engagement
Désengagement
Contact
Début de l'Interaction,
connexion émotionnelle
et cognitive.
Retrait
Séparation,
fin de l'interaction.
Pré-Contact
Une sensation émerge
signalant un besoin.
Assimilation
Intégration de l'expérienc
croissance personnelle.
LE CYCLE DU CONTACT
D'après Fritz Perls

1. Émergence (Pré–contact):

– Les membres de l'équipe reconnaissent les besoins individuels et collectifs, identifient les désirs et les priorités à explorer : la raison d'être de se réunir. Cette phase est cruciale pour donner et ressentir l'appel de la phase suivante.

2. Contact :

– Mise en contact : L'équipe mobilise ses ressources pour interagir, partager des idées et des besoins. Chaque membre se sent impliqué et prêt à contribuer.

– Plein contact : Les interactions deviennent profondes et authentiques, les frontières entre les membres s'estompent, permettant une véritable collaboration et un échange nourrissant. C'est ici que la confiance est le plus fortement renforcée, car chacun se sent écouté et valorisé.

3. Retrait (Post–contact) :

– Après des interactions intenses, l'équipe commence à se retirer pour réfléchir sur les expériences partagées. Cette phase de réflexion et d'assimilation est essentielle pour intégrer les leçons apprises et renforcer les liens. Cela permet de préparer l'équipe pour de futurs cycles de contact, assurant une dynamique continue de confiance et de coopération.

La phase du retrait c'est aussi la fin de la vie des collectifs. Oui la vie des collectifs a une fin comme tout ce qui est vivant. La façon d'envisager la fin de la vie d'un collectif est très importante pour boucler les boucles qui se sont ouvertes dans les autres phases du cycle de contact. Les choses qui n'ont pas pu se dire ou se vivre, positives ou négatives, vont trouver une place dans l'histoire du groupe et permettre à chacun de passer à un autre cycle dans un autre collectif, plutôt que d'emmener les boucles inachevées dans le prochain collectif.

En suivant ce cycle du contact, les équipes s'assurent que la confiance est développée de manière structurée et équilibrée. La phase d'émergence prépare le terrain pour des interactions significatives, le contact permet de tisser des liens solides, et le retrait assure que les expériences sont pleinement intégrées, renforçant ainsi la dynamique d'équipe. Les équipes sentent intuitivement comment chaque étape du cycle de contact a du sens et que manquer une de ces étapes a forcément un impact sur la qualité du lien. Un des exemples les plus parlant en management d'équipe : le manager qui ne dit pas bonjour (pas de pré-contact) avant une réunion ou bien le manager qui ne dit pas aurevoir (pas de post contact) à la fin de la journée. Car c'est dans l'au-revoir que se prépare le prochain bonjour.

Les Règles pour Bien Jouer Ensemble

Il est parfois utile dans les équipes d'utiliser la métaphore du sport pour les aider à comprendre les différentes dimensions des règles dans les équipes. Voici un outil qui a fait ses preuve auprès des équipes que nous facilitons.

1. La Règle du Jeu

Le manager est l'interface nécessaire pour diffuser avec clarté la stratégie de l'équipe. Il annonce à son équipe, au bon moment, les règles du jeu. Cela concerne tout ce qui est non négociable et incontournable pour bien fonctionner ensemble dans le cadre de cette équipe. Par exemple, « On joue bien en équipe de football en respectant les règles de base », chaque joueur doit comprendre et respecter ces règles pour éviter de se retrouver « hors-jeu ».

2. La Règle du Joueur

Le manager encourage chaque joueur à exprimer :

– Ses talents propres (ex : son habileté à dribbler, sa précision de tir)

– Sa manière efficace de jouer (ex : sa position préférée sur le terrain et sa stratégie personnelle)

Cela permet d'identifier les différents types de talents et de mieux connaître les contributions de chacun. Un joueur qui optimise ses talents peut ainsi être coaché et évoluer, passant de 100% de performance à 200% ou 300% de son potentiel.

3. La Règle des Joueurs

Dans le cadre des règles du jeu, l'équipe se coordonne et devient efficiente grâce à des « règles des joueurs » acceptées de tous. C'est la zone d'initiative et d'autonomie de l'équipe, motivée pour marquer des buts ensemble. Ces règles sont évolutives et flexibles, mais essentielles pour assurer un bon fonctionnement collectif. Le manager reste le garant de ces règles, veillant à leur application et à leur évolution continue.

4. La Règle Transverse

Ce sont les règles de fonctionnement avec tous les autres partenaires et équipes. Des accords sont établis pour optimiser l'efficacité, puis l'efficience. Il est important de prendre le temps de soigner ces règles, car cela permet de gagner en cohésion et en plaisir de jouer ensemble à long terme.

En appliquant ces règles et ce cadre dans le modèle MetoWe, nous créons un environnement où la confiance peut se développer naturellement. Chaque joueur connaît les attentes et les normes, se sent valorisé dans ses talents uniques, et s'engage pleinement dans les objectifs communs. Ces règles évolutives et inclusives assurent un fonctionnement harmonieux et productif, renforçant ainsi la dynamique de groupe et la confiance mutuelle.

Dans les Arts

Dans les arts, la littérature offre de nombreux exemples de la complexité des relations de confiance. Prenons par exemple « Roméo et Juliette» de William Shakespeare. La relation de confiance entre les deux amants est profonde, mais leur confiance aveugle envers les personnes de leur entourage, comme le Frère Laurent, conduit à une série de malentendus tragiques. Cette œuvre nous rappelle que la confiance, bien que essentielle, doit toujours être accompagnée de discernement.

MEtoWE
L'intelligence du lien

Règles
des Joueurs
Comment les joueurs
jouent ensemble
(ex : le PSG)

Règles du Jeu
Comment le jeu se joue
(ex : le football)

Règles
du Joueur
Comment le joueur
joue le jeu dans l'ensemble
(ex : Killian Mbappé)

Règles
Transverses
Comment le jeu est organisé
dans l'ensemble
(ex : la FIFA)

LES NIVEAUX DE RÈGLES DU JEU
Inspiré de Jacques Dechance - Formation Reliance

Une chanson inspirante qui reflète cette compétence est « Lean on Me« de Bill Withers :

*« Appuie–toi sur moi quand tu n'es pas bien
Appuie–toi sur moi quand tous tes jours sont gris
Appuie–toi sur moi quand les larmes coulent
Comme je me suis appuyé sur toi »*

À l'opposé on pourrait trouver la confiance aveugle dans la chanson « We are family » des Sister Sledge, sentiment qui est parfois éprouvé au début d'un travail collaboratif.

*« Nous sommes une famille,
Je me tiens à toi,
Et nous sommes tous ensemble,
Nous sommes une famille. »*

Cette notion de « Famille » est à double–tranchant dans les équipes parce qu'elle soutient mais elle enferme si elle présuppose que tous les membres de l'équipe sont pareils.

En peinture, l'esquisse préparatoire de Jacques-Louis David pour « Le Serment du Jeu de Paume » capture de manière saisissante la naissance d'un sentiment collectif de confiance au sein d'un groupe crucial dans l'histoire française. Ce tableau inachevé était destiné à représenter un moment fondateur de la Révolution française, où les députés du Tiers état, réunis dans une salle de jeu de paume, prêtent serment de ne pas se séparer avant d'avoir donné une constitution à la France. Chaque figure est dessinée avec une intensité expressive et les lignes de forces soulignent l'engagement individuel au service d'un objectif commun.

La composition dramatique du tableau, avec des gestes affirmés et des regards croisés, manifeste une solidarité puissante tout en conservant une diversité de réactions qui reflète une indépendance de pensée. L'ensemble crée une atmosphère de détermination collective où la confiance mutuelle entre les protagonistes est à la fois le moyen et le résultat de leur entreprise révolutionnaire.

Dans l'Histoire

L'histoire nous fournit également des exemples poignants de la construction de la confiance et de ses dérives. L'ascension et la chute de Napoléon Bonaparte sont riches d'enseignements. Napoléon a su, à son apogée, créer une confiance presque aveugle parmi ses soldats et ses généraux, ce qui lui a permis de remporter de nombreuses batailles. Cependant, cette même confiance aveugle a conduit à des décisions stratégiques désastreuses, comme la campagne de Russie, où l'absence de critique et de questionnement a précipité sa défaite.

Dans la Nature

Dans la nature, les écosystèmes offrent des exemples fascinants de la balance entre confiance et vigilance. Les colonies de fourmis, par exemple, fonctionnent sur la base d'une confiance mutuelle et d'une coopération exemplaire. Chaque fourmi a un rôle précis et la confiance entre elles est totale, ce qui permet à la colonie de fonctionner de manière harmonieuse et efficace. Cependant, cette confiance n'est pas aveugle : les fourmis sont constamment en alerte pour détecter les menaces et les intrus, montrant ainsi un équilibre entre confiance et vigilance.

Les oiseaux migrateurs, quant à eux, illustrent la confiance au sein d'un groupe en mouvement. Les oies sauvages volent en formation en V, où la confiance mutuelle est essentielle pour le succès de la migration. Chaque oie prend à tour de rôle la tête de la formation, partageant ainsi le fardeau du vol. Cependant, cette confiance est également basée sur une observation constante et une communication continue entre les membres du groupe.

Ce que disent les études sur l'importance de la sécurité psychologique :

Sujet : **Importance de la Sécurité Psychologique dans les Équipes**

- Synthèse de la méta-analyse : La sécurité

psychologique est cruciale pour favoriser un environnement où les membres d'une équipe se sentent en confiance pour exprimer leurs idées sans craindre de représailles ou de jugements négatifs.

Une méta-analyse de 117 études portant sur la sécurité psychologique a révélé qu'elle est positivement corrélée à l'apprentissage organisationnel, à l'innovation, et à la performance des équipes. Les équipes avec un haut niveau de sécurité psychologique sont plus susceptibles de s'engager dans un partage ouvert d'informations et d'erreurs, ce qui conduit à des décisions plus éclairées et à une performance globale accrue.

Sujet : **Sécurité Psychologique et Innovation**

- Synthèse de la méta-analyse : La sécurité psychologique joue un rôle clé dans la promotion de l'innovation au sein des équipes. Une revue systématique a montré que les environnements où la sécurité psychologique est élevée permettent aux équipes de prendre plus de risques créatifs, ce qui mène à des taux d'innovation plus élevés. En effet, lorsque les membres d'une équipe se sentent psychologiquement en sécurité, ils sont plus enclins à proposer des idées nouvelles et à expérimenter sans crainte d'échec.

Sujet : **Sécurité Psychologique et Engagement des Employés**

- Synthèse de la méta-analyse : Une sécurité psychologique élevée est également associée à un engagement accru des employés. Une revue méta-analytique a démontré que les équipes où la sécurité psychologique est encouragée voient un taux de rotation du personnel plus faible, une satisfaction au travail plus élevée, et une meilleure performance collective. Les employés qui se sentent en sécurité sur le plan psychologique sont plus susceptibles de s'investir pleinement dans leurs tâches et d'apporter une contribution significative à l'équipe.

Sujet : **Et la confiance en ligne ?**

- La confiance dans les équipes virtuelles est souvent caractérisée par une « confiance rapide », qui peut se développer rapidement mais est également fragile en raison du manque d'interaction en face à face L'aspect cognitif de la confiance, basé sur la compétence et la fiabilité, est plus important que l'aspect affectif dans les environnements virtuels.

La capacité à se lier et à construire la confiance est une compétence essentielle pour toute équipe souhaitant fonctionner de manière harmonieuse et efficace.

Cependant, il est crucial de cultiver une confiance saine, basée sur la vigilance et le discernement, pour éviter les pièges de la confiance aveugle. En s'inspirant des arts, de l'histoire et de la nature, nous pouvons mieux comprendre les dynamiques de confiance et les intégrer de manière équilibrée dans nos relations professionnelles et personnelles. Nous apprenons que le passage du « Je » au « Nous » est un voyage qui demande non seulement de l'empathie et de l'ouverture, mais aussi une conscience critique et une vigilance constante. Ce voyage, bien qu'exigeant, est la clé pour bâtir des équipes résilientes, innovantes et profondément connectées.

Dimension 3 - La Capacité à se délier de l'autre :

Puis-je être différent et exprimer mes limites ? Puis-je accueillir la différence et les limites de l'autre ?

> *« La véritable appartenance ne vient pas d'un besoin de s'intégrer, mais de l'acceptation de soi et de l'affirmation de ce qui nous rend uniques. La force réside dans notre capacité à rester fidèles à nous-mêmes. »*
>
> —Brene Brown

Enjeux

« Se délier » – définition : signifie défaire ce qui est lié ou attaché. L'expression « les langues se délient » est particulièrement courante pour indiquer que des personnes commencent à parler plus librement d'un sujet, souvent après une période de réticence.

La capacité à se délier de l'autre est une dimension cruciale dans le modèle MetoWe, car elle permet à chaque individu de maintenir son autonomie tout en faisant partie d'un collectif. Dans un environnement de travail en équipe, il est essentiel que chaque membre puisse exprimer ses différences de manière sereine et authentique.

Cela signifie être capable de présenter ses idées, ses opinions et ses sentiments sans crainte de jugement ou de rejet. Et cela permet d'arrêter de la jouer « politique » par peur des représailles.

Exprimer sa différence sereinement implique une confiance en soi et en ses compétences. Il s'agit de se sentir suffisamment en sécurité pour partager ce qui nous rend unique, tout en respectant les autres. Cela nécessite une culture d'équipe où la diversité est valorisée et où chacun se sent encouragé à contribuer de manière authentique aux vrais sujets.

Accueillir la différence sereinement est tout aussi important. Une équipe ne peut fonctionner harmonieusement que si ses membres sont ouverts et réceptifs aux idées et perspectives diverses. Cela implique de cultiver une écoute active, de pratiquer l'empathie et de reconnaître la valeur de chaque contribution, même si elle diffère de notre propre vision.

S'affirmer sans être hérisson ni paillasson est un enjeu délicat. Il s'agit de trouver un équilibre entre l'affirmation de soi et le respect des autres. Un hérisson, par ses piquants, repousse les autres et crée des barrières. À l'inverse, un paillasson se laisse piétiner, sacrifiant ses propres besoins et opinions. L'objectif est d'affirmer sa différence et ses limites de façon saine, en évitant ces extrêmes.

Les enjeux de cette dimension de MetoWe sont donc multiples et complexes. Il s'agit de créer un environnement où chacun peut se détacher de manière saine, exprimer ses différences, et accueillir celles des autres. Cela favorise une dynamique d'équipe enrichissante et productive, où la diversité des pensées et des expériences est une source de force et d'innovation.

Risques

Cependant, la capacité à se délier de l'autre comporte également des risques. Le principal risque est de sur-réagir comme un adolescent. Cela peut se manifester par des comportements impulsifs, une rébellion contre les normes établies, ou une opposition systématique aux idées des autres. Ces réactions peuvent être destructrices pour la dynamique d'équipe et entraver la collaboration.

Lorsque les membres de l'équipe sur-réagissent, cela peut créer des tensions et des conflits. Un individu qui sur-réagit peut être perçu comme immature ou non professionnel, ce qui peut nuire à sa crédibilité et à sa capacité à travailler efficacement avec les autres. De plus, les sur-réactions peuvent engendrer une atmosphère de méfiance et de division au sein de l'équipe.

Un autre risque est celui de l'isolement. En se détachant trop des autres, un individu peut se retrouver isolé, perdant ainsi les bénéfices de la collaboration et du soutien collectif. L'isolement peut également mener à un sentiment de solitude et de déconnexion, affectant le bien-être et la motivation.

Enfin, il y a le risque de la fragmentation. Lorsque les membres de l'équipe ne parviennent pas à trouver un équilibre entre l'affirmation de soi et l'intégration collective, cela peut conduire à la formation de sous-groupes. Ces fragments peuvent fonctionner de manière isolée, créant des silos d'information et de communication, et nuisant à la cohésion globale de l'équipe.

Les questions de l'index Metowe associées :

Dans l'index MetoWe, cette dimension évalue la capacité d'un individu à maintenir son individualité et à exprimer des opinions divergentes dans un groupe, tout en préservant des relations respectueuses et constructives. Elle inclut la capacité à naviguer dans des désaccords, à gérer l'autorité, à défendre ses idées sans crainte, et à réguler ses émotions dans des situations de tension.

1. **Je suis capable de présenter mes désaccords de manière calme et respectueuse, même lorsqu'ils sont impopulaires dans l'équipe :** Mesure la capacité à exprimer des désaccords de manière constructive.

2. **Lorsque je ne suis pas d'accord avec une décision, je peux en discuter ouvertement sans crainte de briser la cohésion de l'équipe :** Évalue la capacité à exprimer un désaccord sans compromettre les relations.

3. **Je me sens à l'aise pour défendre mes idées même lorsque je suis en minorité dans l'équipe :** Mesure la résilience et la capacité à défendre ses idées.

4. **Je sais m'opposer à une idée en utilisant des arguments clairs et constructifs :** Évalue la capacité à articuler des désaccords avec des arguments rationnels.

5. **On dit de moi que j'ai du mal avec l'autorité :** Évalue la perception de la difficulté à accepter l'autorité dans un contexte collectif.

6. **Je peux prendre des décisions sans avoir besoin de valider constamment mes idées avec les autres membres de l'équipe :** Mesure l'indépendance de pensée et d'action.

7. **Je n'hésite pas à m'écarter temporairement des discussions de groupe pour réfléchir seul(e) avant de prendre une décision :** Évalue la capacité à prendre du recul pour une réflexion autonome.

8. Je me sens libre de proposer des idées nouvelles, même si elles ne correspondent pas aux méthodes habituelles de l'équipe : Mesure la créativité et la capacité à penser en dehors des normes

9. Je suis capable de réévaluer mes positions si les arguments des autres membres de l'équipe me semblent valides : Mesure la flexibilité et l'ouverture à modifier son point de vue.

10. Je sais quand céder sur certains points pour faire avancer l'équipe, même si je ne suis pas totalement d'accord : Évalue la capacité à trouver des compromis pour l'intérêt collectif.

11. Je suis prêt(e) à adapter mes méthodes si je pense que cela peut améliorer l'efficacité du travail collectif : Mesure l'adaptabilité face aux nouvelles suggestions.

12. Dans les situations tendues, j'ai conscience des émotions qui me traversent : Évalue la conscience émotionnelle dans des moments de stress.

13. Je suis capable de dissocier les critiques de mon travail de mon estime personnelle : Mesure la capacité à séparer les critiques professionnelles des émotions personnelles.

14. Je gère les désaccords avec mes collègues sans créer de tensions inutiles dans l'équipe : Évalue la gestion des conflits de manière constructive.

Modèles associés :
Les 4 Stades de la Sécurité Psychologique

Le modèle des 4 Stades de la Sécurité Psychologique, développé par Timothy R. Clark, décrit les étapes nécessaires pour créer un environnement où les individus se sentent en sécurité pour être eux-mêmes, exprimer leur différence, apprendre, contribuer et défier le statu quo. La sécurité psychologique est définie par William A. Kahn comme : « Être capable de se montrer et de s'impliquer sans crainte de conséquences négatives sur son image de soi, son statut ou sa carrière. » Les quatre dimensions de la sécurité psychologique sont : la sécurité d'inclusion, la sécurité d'apprentissage, la sécurité de contribution et la sécurité de challenger. La sécurité d'inclusion respecte le besoin d'appartenance, permettant à chacun d'être authentique. La sécurité d'apprentissage soutient le besoin d'apprendre et de faire des erreurs. La sécurité de contribution permet l'autonomie et la reconnaissance. Enfin, la sécurité de challenger encourage l'innovation et le changement positif. Chacune de ces étapes repose sur le respect et la permission, avec des échanges sociaux spécifiques qui renforcent la confiance et la collaboration.

Applications du Modèle MetoWe

Dans le cadre du modèle MetoWe, les 4 stades de la sécurité psychologique sont essentiels pour passer du « Je » au « Nous » en créant un environnement de travail collaboratif et de confiance. Voici comment chaque stade se traduit dans ce contexte :

1. Sécurité d'inclusion :

– Respect pour le besoin inné des membres de l'équipe d'être inclus, acceptés et de sentir qu'ils appartiennent au groupe. En assurant une inclusion en échange d'un statut humain et de l'absence de préjudice, chaque individu peut interagir et être son vrai moi authentique.

Exemples :

• Dire à quelqu'un l'impact de son comportement sur vous.

• Montrer de l'émotion.

• Parler de votre santé mentale.

• Révéler une faiblesse.

• S'excuser.

• Reconnaître que vous ressentez de la peur dans un contexte social.

2. Sécurité d'apprentissage :

– Respect pour le besoin de chaque membre d'apprendre, de croître et de développer sa maîtrise. En permettant l'engagement dans le processus d'apprentissage et l'acceptation des erreurs, la sécurité d'apprentissage encourage l'engagement en échange de l'encouragement, créant ainsi un espace propice à la croissance personnelle et collective.

Exemples :

• Admettre que vous ne savez pas.

• Discuter des échecs passés.

• Admettre que vous avez fait une erreur.

• Demander de l'aide ou des conseils.

• Demander des retours sur votre travail.

• Partager des idées incomplètes ou non finalisées.

3. Sécurité de contribution :

– Respect pour le besoin d'autonomie, de contribution et de reconnaissance de chaque individu, la sécurité de contribution permet aux membres de travailler avec une autonomie appropriée et une indépendance en échange de la performance et des résultats, renforçant ainsi leur sentiment de valeur et leur motivation à contribuer activement.

Exemples :

• Clarifier les attentes.

• Déléguer vos responsabilités à une autre personne.

• Dire non aux tâches qui dépassent vos capacités/ compétences.

• Demander plus de temps pour un projet.

• Fournir des feedbacks transparents et réguliers sur votre progression.

• Prendre la responsabilité des problèmes.

4. Sécurité de challenger :

– Respect pour le besoin d'innover et d'améliorer le statu quo. En permettant aux membres de l'équipe de défier le statu quo de bonne foi, la sécurité offre une protection en échange de la franchise, favorisant un environnement où l'innovation et l'amélioration continue sont encouragées.

Exemples :

- Plaider pour les besoins de l'équipe ou de l'organisation.

- Exprimer un doute.

- Inviter les autres à remettre en question votre opinion.

- Lancer un produit minimum viable, même s'il n'est pas parfait.

- Suggérer de nouvelles façons d'évaluer les résultats.

- Pousser pour inclure plus de voix dans la prise de décision.

Cette sécurité de challenger rejoint les travaux du célèbre psychologue Todd Kashdan dans son livre « l'Art de l'insubordination » qui parle d'« insubordination constructive » et rappelle à grand renfort d'études que la sécurité psychologique n'est pas synonyme de performance dans les équipes à moins que les points de vue minoritaires et divergents soient présents et acceptés. Cela permet une insubordination de principe qui stimule la performance.

En intégrant ces quatre stades, MetoWe assure que chaque membre de l'équipe se sent en sécurité pour s'exprimer, apprendre, contribuer et innover. Cela crée une culture de confiance et de collaboration, essentielle pour une dynamique de groupe saine et productive. En appliquant ce modèle, MetoWe favorise un passage harmonieux du « Je » au « Nous », où chaque individu peut s'épanouir et contribuer pleinement au succès collectif.

Outil

De l'État COACH à l'État CRASH

Plus haut nous avons abordé l'importance de pratiquer des rituels d'équipe qui favorisent un état « Centré - Ouvert - Attentif - Connecté et Hospitalier » afin de favoriser un climat personnel et relationnel propice au travail collaboratif. Symboliquement, cet état éveillé l'état d'esprit du castor qui est constructif.

À l'opposé de cette expérience, on retrouve l'état CRASH : « Contracté - Réactif - Dans l'Analyse paralysante - Séparé et Hostile. » Cet état intérieur est typique du hérisson dans les équipes. Sa présence et sa communication reflètent son état de contraction et sa réactivité à fleur de peau.

Apprendre individuellement et collectivement à passer d'un état CRASH à un état COACH est une compétence clé pour maintenir un état le plus fluide possible dans ces moments délicats (et il y en a toujours).

Dans ces moments, le hérisson confond souvent « exprimer ce qu'il ressent et pense » avec « le dire **comme** il le ressent et le pense. »

Un des moyens les plus puissants pour parvenir à remettre en mouvement cette crampe relationnelle a là aussi été formalisée par Robert Dilts.

Plutôt que d'entrer dans un jugement, un autre *« Oui, mais »*, un nouveau *« Il le fait exprès »*, l'idée consiste à apprendre un mantra relationnel qui nous recentre.

Bien sûr, cela suppose que les règles du jeu vues précédemment soient posées.

Face aux comportements du hérisson en état CRASH et à ce qu'il dit, l'idée pour être castor est de se répéter ces 4 phrases (pas en tant que technique, mais en tant qu'intention profonde) afin de rester soi-même dans un état COACH et de maintenir l'espace de discussion ouvert :

- *« C'est intéressant »* : ce mantra interrompt notre propre jugement.
- *« Ça a sûrement du sens »* : ce mantra nous maintient dans un état de curiosité
- *« Si ça a besoin d'être dit, ça a besoin d'être entendu »* : Ce mantra nous guide vers plus d'empathie.
- *« Bienvenue à "ça" »* : ce mantra est la conclusion des 3 précédents. Si la réaction du hérisson est intéressante, qu'elle a sûrement du sens, et que quelque chose à besoin d'être entendu, alors souhaiter la bienvenue à cela en est la conclusion logique.

Arts, Histoire et Nature

Dans les arts, la littérature abonde d'exemples où l'expression sereine de la différence est centrale. Par exemple, dans « Le Portrait de Dorian Gray » d'Oscar Wilde, le personnage principal lutte avec l'affirmation de son identité unique dans une société conformiste. Bien que le récit prenne une tournure tragique, il souligne la tension entre l'expression individuelle et les attentes sociales. Wilde lui-même était un exemple vivant de cette lutte, étant un pionnier de l'expression de la différence dans une époque répressive.

Les peintures de Frida Kahlo illustrent également la capacité à se délier de l'autre. Ses œuvres profondément personnelles et symboliques explorent sa douleur, sa culture et sa vision unique du monde. Kahlo n'a jamais hésité à exprimer sa différence de manière sereine, même face aux critiques et aux préjugés. Sa capacité à s'affirmer sans se replier comme un hérisson, tout en refusant d'être un paillasson, reste une source d'inspiration.

L'histoire offre des exemples puissants d'individus qui ont su se délier des attentes sociales pour faire entendre leur voix. Rosa Parks, en refusant de céder sa place dans un bus, a exprimé sa différence de manière sereine et courageuse. Son acte de défiance a déclenché un mouvement de changement profond, démontrant comment l'affirmation de soi peut catalyser des transformations sociétales.

Dans la nature, de nombreuses espèces animales, comme les loups, les singes siffleurs ou les oiseaux chanteurs, établissent des territoires pour se protéger des intrusions d'autres individus. Ce comportement de territorialité peut être vu comme une forme de contre–dépendance, où l'animal s'affirme et se distingue de ses congénères pour assurer sa survie et celle de sa progéniture.

Dans un autre registre, les philosophes stoïciens comme Marc Aurèle ont enseigné l'importance de la sérénité face aux différences et aux défis. Leur approche consistait à accueillir ce qui est hors de notre contrôle avec calme et à se concentrer sur ce que nous pouvons changer. Cette philosophie peut être appliquée à la capacité à se délier des autres sans sur-réagir, en cultivant la résilience et la maîtrise de soi.

Sujet : **Importance de la Diversité des Points de Vue dans les Équipes**

- Synthèse de la méta-analyse : La diversité des points de vue au sein des équipes est fortement corrélée avec une meilleure prise de décision, une plus grande innovation, et une performance accrue. Une méta-analyse récente a révélé que les équipes bénéficiant d'une diversité cognitive sont plus à même d'explorer différentes solutions aux problèmes, ce qui conduit à des résultats plus robustes.

La diversité des perspectives permet également de réduire les risques de biais de groupe et de « groupthink », rendant ainsi les décisions plus objectives et équilibrées.

Sujet : **Diversité Cognitive et Innovation**

- Synthèse de la méta-analyse : La diversité cognitive, qui inclut des différences dans les styles de pensée, les expériences et les connaissances, est un facteur clé d'innovation dans les équipes. Une revue systématique a montré que les équipes composées de membres aux perspectives variées produisent des idées plus novatrices et sont mieux préparées à s'adapter aux changements de l'environnement de travail. La diversité cognitive stimule également la créativité en exposant les membres de l'équipe à des idées et des approches différentes, ce qui enrichit le processus d'innovation.

Sujet : **Diversité et Résolution des Conflits**

- Synthèse de la méta-analyse : Bien que la diversité des perspectives puisse parfois mener à des conflits au sein des équipes, ces conflits sont généralement constructifs lorsqu'ils sont bien gérés.

Une méta-analyse a montré que les équipes diverses qui réussissent à gérer les conflits de manière constructive bénéficient d'une meilleure compréhension mutuelle et d'une plus grande cohésion à long terme. La diversité des points de vue permet de confronter les idées et de trouver des solutions plus complètes aux problèmes, renforçant ainsi la dynamique de groupe.

La capacité à se délier de l'autre est une compétence essentielle pour toute équipe souhaitant maintenir un équilibre entre l'individualité et la collaboration. Cela permet de créer un environnement où chaque membre de l'équipe peut s'exprimer librement, exprimer sa différence et ses limites pour offrir des perspectives nouvelles et enrichissantes.

Dimension 4 - La Capacité à S'Allier à Plus Grand que Soi :

Suis-je capable de me relier à plus grand que moi ? Sommes-nous ensemble ?

« Aucun d'entre nous n'est aussi intelligent seul que nous tous ensemble. La performance collective et la coopération sont essentielles dans un monde où les défis complexes exigent des solutions collaboratives. »

—Peter Drucker

Enjeux

S'allier – Définition : S'unir par alliance. Par exemple : « S'allier avec quelqu'un »

La capacité à s'allier à plus grand que soi est une dimension cruciale du modèle MetoWe. Elle désigne la capacité d'un individu à collaborer avec les autres en prenant en compte des perspectives plus larges que son propre intérêt immédiat, afin de servir un objectif collectif plus grand. L'enjeu principal à ce stade est la capacité à intégrer et à dépasser son ego, pour penser et agir en termes de « Nous ».

L'Interdépendance

L'interdépendance est au cœur de cette capacité. Elle permet de créer des dynamiques d'équipes où chacun contribue à un objectif commun tout en tenant compte des points de vue et des besoins des autres membres. C'est la capacité à travailler ensemble de manière harmonieuse et efficace, en valorisant les forces individuelles et en les alignant avec les objectifs collectifs. L'interdépendance nécessite une ouverture d'esprit et une volonté d'intégrer des perspectives diversifiées pour atteindre des résultats optimaux.

Les mots clés ici sont : « Nous », « Ensemble », « Bien commun », « Système », « Équipe ». Ces termes reflètent l'essence même de l'interdépendance et de la collaboration efficace.

Le Stade de l'Adulte Mature

Cette capacité correspond au stade de l'Adulte mature, caractérisé par un besoin d'ouverture.

C'est le stade de l'unisson, où les compétences précédemment acquises permettent à chacun de sortir de ses enjeux personnels et politiques pour contribuer réellement au résultat collectif. En développant cette capacité, les membres de l'équipe peuvent naviguer au-delà de leurs propres intérêts pour embrasser une vision plus large et inclusive.

Risques

Cependant, la capacité à s'allier à plus grand que soi comporte également des risques. L'absence de cette compétence ou son excès peuvent engendrer des comportements négatifs et contre-productifs.

• Risque de Clanisme

L'absence de cette capacité peut mener à des comportements de type clanisme, où les individus se regroupent en sous-groupes fermés et opposés (« nous contre les autres »). Cette fragmentation nuit à la cohésion et à l'efficacité de l'équipe, créant des divisions internes qui peuvent être difficiles à surmonter.

• Risque de Régression

Un autre risque est la régression au stade antérieur de « moi contre les autres », où l'individualisme et l'égoïsme prennent le dessus sur la collaboration et l'entraide. Ce comportement peut engendrer des conflits, une baisse de la morale et une diminution de la productivité, car les individus se concentrent davantage sur leurs propres intérêts que sur le bien-être collectif.

• Risque d'Exclusion

L'excès de cette compétence peut également mener à l'exclusion de ceux qui ne partagent pas les mêmes objectifs ou perspectives. Un zèle excessif pour l'interdépendance peut créer un environnement où les voix dissidentes sont étouffées, limitant ainsi la diversité des idées et freinant l'innovation.

Les questions de l'index MetoWe associées

Dans l'index MetoWe, cette dimension évalue la capacité d'un individu à collaborer efficacement au sein d'un collectif pour atteindre des objectifs communs. Elle inclut la prise en compte des perspectives plus larges que ses propres intérêts, la gestion des dynamiques de pouvoir, l'adaptabilité face aux changements, et l'engagement envers des valeurs collectives et éthiques.

1. Ma vision d'un projet intègre le plus de parties prenantes impactées par le projet : Mesure la capacité à inclure les perspectives des parties prenantes.

2. Je me sens capable de travailler efficacement en équipe pour atteindre des objectifs communs : Évalue l'efficacité dans la collaboration collective.

3. Dans un collectif, je me sens impacté(e) par ce qui touche l'un de nous : Mesure l'empathie et la solidarité dans un groupe.

4. J'accepte volontiers de recevoir de l'aide : Évalue l'ouverture à l'aide des autres.

5. J'aime effectuer des tâches en groupe : Mesure le plaisir à travailler en équipe.

6. Je sais valoriser et reconnaître les contributions des autres membres de l'équipe : Évalue la reconnaissance des apports individuels dans le collectif.

7. C'est important pour moi de respecter les décisions du groupe, même si je ne suis pas d'accord : Mesure la capacité à accepter les décisions collectives.

8. Il m'est facile de rendre compte de mes actions dans un groupe : Évalue la transparence et la capacité à « rendre compte » dans un collectif.

9. Je sais partager et affirmer mes convictions pour faire avancer le groupe : Mesure la capacité à partager des idées constructives.

10. Je suis conscient des enjeux de pouvoir dans un collectif et j'ose les mettre à plat : Évalue la gestion des dynamiques de pouvoir dans l'équipe.

11. Je choisis consciemment de collaborer pour atteindre un objectif plus grand : Mesure l'engagement collectif vers un objectif commun.

12. Je sais établir des partenariats ou des collaborations avec d'autres membres de l'équipe pour maximiser les résultats du projet : Évalue la capacité à forger des partenariats efficaces.

13. Je sais prendre en compte les besoins et les préoccupations des autres membres de l'équipe lors de la prise de décisions importantes : Mesure l'empathie et la capacité à inclure les besoins d'autrui dans la prise de décision.

14. **Je me sens capable de travailler efficacement dans un environnement de travail en constante évolution et de m'adapter aux changements :** Évalue la flexibilité psychologique et l'adaptabilité dans un environnement dynamique.

Modèles associés

Modèle de la Synchronisation Cérébrale

La Brain Synchrony, ou synchronisation cérébrale, est un concept développé par des neuroscientifiques tels que Uri Hasson et ses collègues de l'Université de Princeton. Ils ont découvert que lorsque des individus partagent une expérience commune, leurs cerveaux montrent des schémas d'activité neuronale synchronisés. Ces recherches ont été particulièrement marquantes dans les contextes de communication et de collaboration, montrant comment les cerveaux s'alignent en termes d'ondes cérébrales pour améliorer la compréhension mutuelle et la connexion émotionnelle.

Principales Découvertes

Les principales découvertes de la Brain Synchrony mesurés par spectroscopie fonctionnelle proche infrarouge (SPIRf) ou hyperscanning incluent :

1. Alignement Neuronal : Les cerveaux des individus tendent à montrer des schémas d'activité synchronisés lorsqu'ils sont engagés dans des interactions sociales ou des activités collaboratives.

2. Amélioration de la Communication : Cette synchronisation améliore la capacité des individus à comprendre et à anticiper les pensées et les émotions des autres, facilitant une communication plus fluide et efficace.

3. Renforcement de la Cohésion de Groupe : La synchronisation cérébrale crée une connexion plus profonde entre les membres d'un groupe, renforçant la cohésion et le sentiment d'appartenance.

4. Facilitation de l'Apprentissage et de la Mémoire : Les expériences partagées qui induisent une synchronisation cérébrale sont souvent mieux retenues et intégrées, facilitant l'apprentissage collectif.

La synchronisation cérébrale dans une équipe est plus spontanément observée dans les équipes qui cherchent à résoudre un problème ensemble. Il est possible de l'induire par tous les exercices d'inclusion en début de réunion, le partage d'histoires (notamment partage d'émotions) entre pairs, et la recherche d'alignement autour des valeurs.

Modèle de la Cohérence Sociale

La cohérence cardiaque est un état physiologique caractérisé par un rythme cardiaque harmonieux, souvent atteint par des techniques de régulation émotionnelle comme la méditation ou la respiration consciente. Dans cet état, les battements du cœur suivent un modèle stable et régulier, généralement associé à des sentiments positifs comme la gratitude ou la compassion. La cohérence cardiaque ne se limite pas à l'individu, mais peut également être mesurée entre plusieurs personnes grâce au concept ou cross-cohence. La cross-cohérence se réfère à la synchronisation des rythmes physiologiques, notamment cardiaques, entre deux ou plusieurs individus. Cette synchronisation est un signe de résonance émotionnelle et de connexion profonde, facilitant ainsi des interactions plus fluides et efficaces au sein des groupes.

La cohérence sociale, quant à elle, dépasse le cadre strictement physiologique pour englober la qualité des relations interpersonnelles au sein des groupes. Elle se manifeste par une harmonie dans les interactions, où la communication est fluide, les conflits sont minimisés, et l'énergie collective est optimisée. La cohérence sociale est le reflet d'une cross-cohérence réussie, où les membres d'un groupe sont non seulement en phase sur le plan physiologique, mais aussi sur le plan émotionnel et comportemental. Ce concept est particulièrement pertinent dans le contexte des équipes de travail, où une bonne cohérence sociale peut améliorer la performance collective et renforcer la coopération.

MEtoWE
L'intelligence du lien

Favoriser les activités qui renforcent
la synchronisation cérébrale
et la cohérence sociale

SYNCHRONISATION CÉRÉBRALE
COHÉRENCE SOCIALE

Un exemple concret de l'application de ces concepts a été observé dans une étude menée auprès d'équipes au travail. Les participants ont été formés à utiliser la technique « Shift and Lift » avant leurs réunions. Cette technique, qui encourage un état de cohérence cardiaque individuelle, a conduit à une synchronisation accrue des rythmes cardiaques au sein de l'équipe, favorisant ainsi une meilleure cohérence sociale. Les résultats ont montré que les équipes ayant pratiqué cette technique avant leurs réunions ont connu une communication plus efficace, moins de conflits, et une amélioration générale de la dynamique de groupe. Cette étude illustre comment la cohérence cardiaque et la cross-cohérence peuvent être des leviers puissants pour renforcer la cohésion sociale et optimiser la performance collective.

Applications du Modèle MetoWe

Dans le cadre de MetoWe, la Brain Synchrony et la Cross Coherence jouent un rôle crucial dans la capacité à s'allier à plus grand que soi. En favorisant des expériences et des objectifs communs, les membres de l'équipe peuvent atteindre une synchronisation cérébrale et cardiaque qui renforce la cohésion et l'efficacité collective. Cette synchronisation permet de mieux intégrer les perspectives individuelles et d'aligner les efforts vers des objectifs partagés.

Exemple Pratique :

Lorsqu'une équipe travaille sur un projet important, organiser des sessions de brainstorming collaboratif où tous les membres sont activement engagés peut induire cet état. Cette synchronisation aide à harmoniser les idées et les efforts, facilitant une prise de décision plus rapide et une exécution plus cohérente des tâches.

En valorisant l'approche expérientielle, MetoWe s'appuie sur la synchronisation cérébrale pour créer un environnement de travail où chaque membre se sent connecté et aligné avec les objectifs du groupe, renforçant ainsi l'interdépendance et l'efficacité globale de l'équipe.

Outils

Ce qui fait la différence entre la capacité à se relier à soi et à s'allier à plus grand que soi réside dans un état d'esprit : **la notion de réciprocité**. En voici les 7 principes.

Les Sept Principes de Réciprocité (Jacques Dechance)

1. Écoutez vos besoins et respectez–les :

– **Indépendance :** Reconnaître ses propres besoins et y répondre est crucial pour le bien-être personnel. Cela signifie être attentif à soi-même et s'accorder l'importance nécessaire.

– **Interdépendance :** Interrogez-vous sur les besoins des autres et comprenez-les. La capacité à reconnaître et à respecter les besoins des autres renforce les relations et la collaboration.

2. Maîtrisez vos émotions, soyez acteur de vos ressentis :

– **Indépendance :** Prenez la responsabilité de vos émotions et apprenez à les gérer de manière proactive. Cela vous permet de rester centré et en contrôle.

– **Interdépendance :** Ouvrez-vous aux sentiments, ressentis et émotions des autres sans en être affecté négativement. Cette ouverture crée un espace de compréhension et d'empathie mutuelle.

3. Reconnaissez vos fragilités et vos forces :

– **Indépendance :** Acceptez vos vulnérabilités et célébrez vos compétences. Cela vous aide à mieux vous connaître et à construire votre résilience.

– **Interdépendance :** Admettez que l'autre ne soit pas ce que vous voudriez. Accepter les différences et les imperfections des autres favorise des relations plus authentiques.

4. Soyez un bon compagnon pour vous-même :

– **Indépendance** : Valorisez-vous, donnez-vous des permissions et gratifiez-vous. Prendre soin de soi est essentiel pour maintenir un équilibre émotionnel.

– **Interdépendance** : Reconnaissez la valeur de l'autre, faites-lui du bien, ouvrez des permissions et valorisez de façon sincère. Apprécier et soutenir les autres renforce les liens et le respect mutuel.

5. Prenez en compte votre besoin de réalisation et permettez-vous de changer :

– **Indépendance** : Poursuivez vos objectifs personnels et soyez ouvert au changement pour évoluer vers une meilleure version de vous-même.

– **Interdépendance** : Intéressez-vous profondément à l'autre pour ce qu'il est et peut devenir. Encourager le développement des autres crée une dynamique de croissance collective.

6. Voyez la différence et l'unicité, acceptez–vous :

– **Indépendance** : Reconnaissez et acceptez votre singularité. L'acceptation de soi est la base de l'authenticité.

– **Interdépendance** : Émerveillez-vous de la différence chez l'autre tout en exprimant vos propres limites. Cultivez la tolérance et le respect. Cette admiration mutuelle enrichit les interactions et les collaborations.

7. Apprenez à vous faire confiance :

– **Indépendance** : Développez la confiance en vous-même pour agir avec assurance et conviction.

– **Interdépendance** : Ayez confiance dans l'autre, distinguez confiance aveugle et confiance consciente. La confiance mutuelle est le pilier des relations solides et productives.

Dans les Arts

De nombreuses œuvres artistiques illustrent l'idée d'interdépendance et de collaboration pour atteindre des objectifs plus grands. Par exemple, la chanson « We Are the World », écrite par Michael Jackson et Lionel Richie et interprétée par un collectif de célébrités, est un puissant appel à l'unité et à l'action collective pour lutter contre la famine en Afrique. Cette chanson montre comment des individus peuvent mettre de côté leurs différences pour s'unir autour d'une cause commune et créer un impact significatif.

En France, la chanson des Enfoirés, « La Chanson des Restos », écrite par Jean-Jacques Goldman, est un hymne de solidarité et d'entraide. Chaque année, des artistes se réunissent pour soutenir les Restos du Cœur, une association caritative qui aide les personnes en difficultés. Cette initiative montre comment la collaboration artistique peut mobiliser des ressources et de l'attention pour des causes humanitaires importantes.

En peinture, l'œuvre « La Liberté guidant le peuple » d'Eugène Delacroix est un exemple marquant de l'interdépendance dans l'art. Cette peinture symbolise la lutte collective pour la liberté et l'émancipation, où chaque individu, qu'il soit soldat, ouvrier ou bourgeois, contribue à un mouvement plus grand que lui-même. L'allégorie de la Liberté guidant le peuple illustre la puissance de l'unité et de la collaboration dans la quête de valeurs communes.

Dans l'Histoire

L'histoire offre de nombreux exemples positifs de collaboration pour un bien commun, au-delà des luttes et des guerres. Un exemple emblématique est la création de Wikipédia. Ce projet collaboratif mondial a réuni des milliers de contributeurs bénévoles du monde entier pour créer une encyclopédie en ligne accessible gratuitement à tous. Wikipédia incarne l'esprit d'interdépendance et de collaboration globale, où chaque personne peut apporter sa pierre à l'édifice de la connaissance collective.

Ce projet illustre comment l'interdépendance et la collaboration peuvent mener à des réalisations extraordinaires, bénéficiant à l'ensemble de l'humanité. En combinant les efforts, les compétences et les connaissances de millions de personnes, Wikipédia est devenu une ressource précieuse et un exemple puissant de ce qui peut être accompli lorsque les individus s'unissent pour un objectif commun.

Dans la Nature

La nature est un maître en matière d'interdépendance. Les écosystèmes sont des exemples parfaits de collaboration et de symbiose, où chaque espèce joue un rôle crucial dans le maintien de l'équilibre et de la santé de l'ensemble. Par exemple, les forêts anciennes sont des réseaux complexes d'arbres interconnectés par des mycorhizes, des champignons qui facilitent l'échange de nutriments et d'informations entre les plantes. Ce réseau d'interdépendance permet aux forêts de prospérer et de résister aux stress environnementaux.

Un autre exemple est celui des récifs coralliens, où une multitude d'espèces marines coexistent et dépendent les unes des autres pour la survie. Chaque organisme, des coraux aux poissons en passant par les crustacés, joue un rôle spécifique dans le maintien de l'écosystème, illustrant parfaitement l'idée de l'interdépendance et de la collaboration pour un objectif commun.

Ce que disent les études sur l'impact du niveau d'interdépendance sur la performance des équipes :

Sujet : **Facteurs Contribuant à l'Interdépendance dans les Équipes**

- Synthèse de la méta-analyse : L'interdépendance au sein des équipes est essentielle pour améliorer la coopération, la performance collective, et l'efficacité globale. Une méta-analyse a montré que les équipes avec un haut niveau d'interdépendance sont plus performantes, en raison de la répartition des tâches et de la responsabilisation mutuelle. L'interdépendance favorise également un alignement plus fort autour des objectifs communs, renforçant ainsi la cohésion d'équipe.

Sujet : **Interdépendance et Synchronisation des Activités**

• Synthèse de la méta-analyse : Une étude a révélé que la synchronisation des activités au sein des équipes augmente l'interdépendance, ce qui conduit à une meilleure coordination et à une réduction des conflits. Lorsque les membres de l'équipe partagent des tâches interdépendantes, ils sont plus enclins à s'entraider et à travailler ensemble de manière harmonieuse. La synchronisation des activités est donc un facteur clé pour l'efficacité collective.

Sujet : **Interdépendance et Engagement des Membres**

• Synthèse de la méta-analyse : L'interdépendance est également un facteur important pour l'engagement des membres de l'équipe. Une méta-analyse a démontré que les équipes où les tâches sont fortement interdépendantes voient une augmentation de l'engagement et de la satisfaction des membres. Cela est dû à la reconnaissance mutuelle des contributions de chacun, qui renforce le sentiment d'appartenance et de responsabilité collective.

La capacité à s'allier à plus grand que soi est une compétence clé pour bâtir des collectifs à mission. Elle transcende (sans l'exclure) l'égo de chacun de ses membres et crée les conditions d'une collaboration fructueuse en éveillant les capacités d'interdépendance de chacun.

« MetoWe l'intelligence du lien » : est un ensemble de compétences individuelles qui servent le collectif. Il place le levier exactement à l'endroit de la flexibilité psychologique des individus dans leurs capacités à pratiquer ces soft–skills, ces savoir–êtres, avec conscience. Jamais parfaitement acquises, ouvrage sans cesse remis sur le métier, MetoWe devient la carte au trésor de collectifs plus vivants et harmonieux.

Vivement que ces compétences soient enseignées dès le plus jeune âge !

Dimension MetoWe	Enjeux	Questions essentielles	Risques	Modèles associés
Se Relier à soi	**S'aligner avec ses valeurs et motivations personnelles pour s'assumer et contribuer de manière authentique au collectif**	Suis-je conscient de moi-même et capable de m'assumer ? Puis-je voir les autres comme responsable ?	La rigidité dans l'affirmation de soi peut conduire à une incapacité à intégrer les perspectives des autres, causant des tensions dans le collectif.	Modèle des Styles d'Attachement de John Bowlby et Marie Ainsworth Modèle des forces de caractères de C. Patterson et M. Seligman.
Se Lier à l'autre	**Construire la confiance et la coopération dans un collectif.**	Suis-je en sécurité dans cette relation ? Les autres se sentent-ils en sécurité avec moi ?	La confiance aveugle peut mener à une complaisance et à des erreurs non détectées.	Modèle de la confiance de Frei &Morris Modèle du Cycle du contact de Firtz Perl Modèle des règles du jeu de Jacques Dechance

Rendez-vous sur le site www.index-metowe.com/fr pour passer votre test et recevoir votre profil MetoWe. C'est gratuit. Faites-le en équipe et partagez vos profils entre vous.

Dans le cycle de contact en collectif, quelles étapes de la relation sont les plus faciles et évidentes pour vous ? Les débuts, les milieux, les fins ?

Dimension MetoWe	Enjeux	Questions essentielles	Risques	Modèles associés
Se Délier de l'autre	Trouver un équilibre entre l'affirmation de soi et le respect des autres, permettant l'expression des différences.	Puis-je exprimer mes différences et mes limites ? Puis-je accueillir la différence et les limites des autres ?	La sur-réaction ou l'isolement peuvent conduire à des conflits ou à une perte de cohésion dans l'équipe.	Modèle des 4 types de Sécurité Psychologique de Timothy R. Clark.
S'Allier à plus grand que soi	Collaborer de manière harmonieuse en intégrant des perspectives plus larges que ses propres intérêts, au service d'un objectif collectif plus grand.	Puis-je m'allier au-delà de moi ? Sommes-nous ensemble?	Le risque de clanisme, où des sous-groupes fermés se forment, créant des divisions internes, ou d'exclusion des voix dissidentes au sein du collectif.	Modèle de la Synchronisation Cérébrale d'Uri Hasson et de la cohérence sociale. (Heartmath) Modèle de l'interdé-pendance de Jacques Dechance

D'après vous, quel est votre style d'attachement ? Comment cela se manifeste-t-il quand vous êtes en collectif ?

Rendez-vous sur le site www.viacharacter.org pour identifier vos forces de caractère et avoir votre profil. C'est gratuit. Faites-le en équipe et partagez vos profils entre vous.

CHAPITRE 4

RESSERRER LES LIENS
Accompagner l'individuel & le collectif

> « L'intelligence du cœur est plus rare : c'est celle qui sait lier les cœurs. »
>
> —Alim Maalouf

Bienvenue dans la partie Accompagner le passage du « Je » au « Nous » de ce livre.

Nous avons exploré les fondements de l'approche MetoWe, en soulignant l'importance des 4 piliers de MetoWe, « Se relier à soi », « Se lier à l'Autre », « Se délier de l'Autre », « S'allier à plus grand que soi. »

Nous avons vu comment cette transformation est cruciale pour créer des collectifs plus autonomes et performants. En mettant en lumière ces principes nous avons établi une base solide pour comprendre les compétences individuelles essentielles pour prendre soin du lien.

À présent, nous allons approfondir l'application pratique de MetoWe au sein des organisations. Cette partie se concentre sur la manière dont cet outil peut être utilisé pour accompagner les équipes dans leur développement. Nous aborderons en détail comment accompagner un individu en coaching avec l'index MetoWe, et ensuite comment mobiliser un collectif en coaching d'équipe ou séminaire de cohésion d'équipe. Nous aborderons enfin la dimension somatique du modèle MetoWe, qui en fait un moyen puissant d'accompagnement génératif.

Au commencement d'un accompagnement avec le modèle MetoWe se trouve souvent une demande d'un client qui est l'écho d'une dynamique non satisfaisante dans ses équipes. Voici quelques contextes souvent exprimés par nos clients dans lesquels MetoWe s'est trouvé pertinent comme outil d'intervention :

Dans quels contextes faire appel à MetoWe : L'intelligence du lien ?

• **Baisse de la Productivité et de l'Efficacité**

« La productivité de notre équipe a diminué et nous ne respectons pas les délais. Ils n'osent pas se parler et rejettent la faute sur les autres. »

Lien avec MetoWe : Ce symptôme peut indiquer un manque de cohésion et de collaboration. MetoWe, à travers la capacité à se lier à l'autre, aide à créer des liens de confiance, à prendre des initiatives et à solliciter du feedback, renforçant ainsi la dynamique de groupe et améliorant la productivité collective. Par exemple dans l'index MetoWe que nous verrons juste après, des questions telles que « Je sais nouer des liens de confiance avec les membres de l'équipe », « Je suis à l'aise pour prendre des initiatives dans notre équipe », et « Je sais solliciter du feedback auprès de mes coéquipiers lorsque j'en ai besoin » aident à identifier ces domaines à améliorer.

• Fréquence des Conflits et Malentendus

« Il y a trop de conflits non résolus et de malentendus dans le comité de direction. On n'avance plus. »

Lien avec MetoWe : La communication inefficace est un problème majeur. MetoWe aborde cela en offrant des espaces de conversations courageuses qui aident les équipes à exprimer leurs besoins et attentes clairement, à remettre en question les méthodes établies de manière respectueuse, et à s'affirmer tout en respectant les perspectives des autres. Des questions comme « Je sais être en désaccord avec les idées ou les opinions des autres membres de l'équipe », « J'ai tendance à remettre en question les méthodes ou les directives établies par l'équipe », et « Je préfère suivre mes propres méthodes de travail plutôt que de me conformer aux normes ou aux attentes de l'équipe » sont essentielles pour évaluer et améliorer ces compétences.

• Faible Motivation et Engagement des Employés

« J'ai l'impression que l'équipe est moins engagée dans les projets ces derniers temps et que l'enthousiasme général a baissé. »

Lien avec MetoWe : Un manque de motivation et de sens peut résulter d'un alignement insuffisant entre les valeurs individuelles et les objectifs de l'organisation. MetoWe aide à connaître ses forces et faiblesses, à s'organiser de manière autonome, et à maintenir une motivation intrinsèque, redonnant ainsi du sens et de l'engagement au travail. Des questions telles que « Je connais mes forces et mes fragilités »,

« Je suis capable de maintenir une motivation intrinsèque et une productivité élevée sans avoir constamment besoin de l'encouragement ou de la reconnaissance des autres », et « Je me sens à l'aise pour prendre des initiatives et pour diriger des projets sans être dirigé par les autres« aident à identifier les domaines nécessitant une amélioration.

• Manque de clarté dans la vision, l'ambition, les rôles et les périmètres

« On nage en pleine ambiguïté. Il y a beaucoup de confusion sur les périmètres de chacun avec cette nouvelle réorganisation. »

Lien avec MetoWe : La confusion dans les rôles et les responsabilités surtout à l'ère de la complexité peut conduire à un manque d'efficience et d'efficacité. MetoWe clarifie ces aspects en définissant clairement les domaines d'intervention, en encourageant la prise d'initiative et la direction de projets, et en renforçant la responsabilité individuelle. Des questions telles que « Je sais clarifier mon périmètre d'intervention », « Je sais m'organiser et planifier mon travail de manière autonome sans avoir besoin d'une structure claire et de directives précises de la part des autres », et « Je suis capable de prendre des décisions sans avoir constamment besoin de l'approbation des autres membres de l'équipe »sont cruciales pour cette clarification.

• Isolement et Manque de Cohésion d'Équipe

« L'ambiance s'est détériorée. Ils travaillent chacun de leur côté. »

Lien avec MetoWe : L'isolement et le manque de cohésion peuvent être traités en renforçant l'interdépendance, en intégrant les parties prenantes dans la vision du projet, en valorisant les contributions de chacun, et en respectant les décisions collectives. Des questions telles que « Ma Vision d'un projet intègre le plus de parties prenantes impactées par le projet », « Je sais établir des partenariats ou des collaborations avec d'autres membres de l'équipe pour maximiser les résultats du projet », et « Je sais prendre en compte les besoins et les préoccupations des autres membres de l'équipe lors de la prise de décisions importantes » sont essentielles pour identifier et résoudre ces problèmes.

En abordant ces symptômes visibles, les dirigeants et managers peuvent utiliser MetoWe pour transformer les défis organisationnels en opportunités de croissance collective. MetoWe propose un accompagnement individuel et d'équipe complet depuis le diagnostic : l'index MetoWe, en passant par le coaching individuel jusqu'à l'animation d'ateliers et de séminaires pour mieux intégrer les dimensions du modèle à chaque étape de la vie des équipes.

Accompagner l'individu avec l'approche MetoWe.

Lorsqu'il devient évident pour nous que MetoWe est le bon outil pour répondre à une de ces problématiques chez nos clients, chaque membre du collectif ciblé est invité à passer son index MetoWe comme premier diagnostic de la dynamique d'équipe. Ce diagnostic individuel va permettre à chacun de s'interroger pour lui-même sur les 4 dimensions proposées par le modèle. Les résultats individuels seront ensuite compilés collectivement pour dresser un profil d'équipe.

L'index MetoWe

L'index MetoWe permet de mesurer le niveau individuel de chacun des 4 piliers de MetoWe : l'intelligence du lien. Il est conçu pour identifier les forces et les zones de vigilance de chacun en matière de collaboration.

Il comporte 56 questions, 14 par pilier et chacune d'elle est cotée de 0 à 6, 6 étant « Tout à fait d'accord » et 0 « Tout à fait en désaccord. » Il se passe en ligne sur le site de l'index MetoWe, et donne lieu à l'envoi par mail des résultats au format pdf pour chaque participant. Auparavant, chaque participant reçoit un mode d'emploi écrit pour se connecter et suivre les étapes pour s'inscrire en ligne. La plus importante étant de répondre aux questions à partir d'un contexte donné et non de façon générale car dans notre expérience la qualité du lien est contextuelle.

Le rapport est strictement confidentiel et présente de façon succincte chaque dimension du modèle avant de présenter les résultats personnalisés du participant sous forme chiffrée et graphique. Voici quelques images extraites du rapport.

À son stade de développement (4 ans en 2024), l'index MetoWe ne prétend pas respecter les critères attendus de fiabilité pour un test validé scientifiquement. Il résulte de la modélisation des équipes et des projets que nous avons facilité ou que nos clients ont facilité. Individuellement, les 4 dimensions que l'index évalue favorisent des prises de conscience individuelles qui renforcent la connaissance de soi des participants. Collectivement, la puissance de l'index MetoWe repose sur le partage des perceptions de chacun au cours des conversations courageuses en équipe.

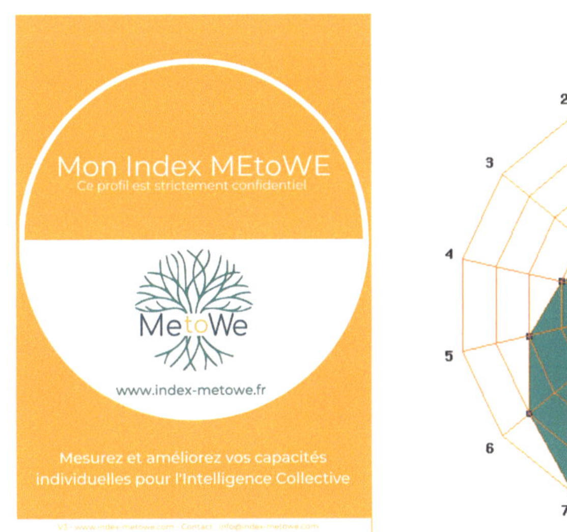

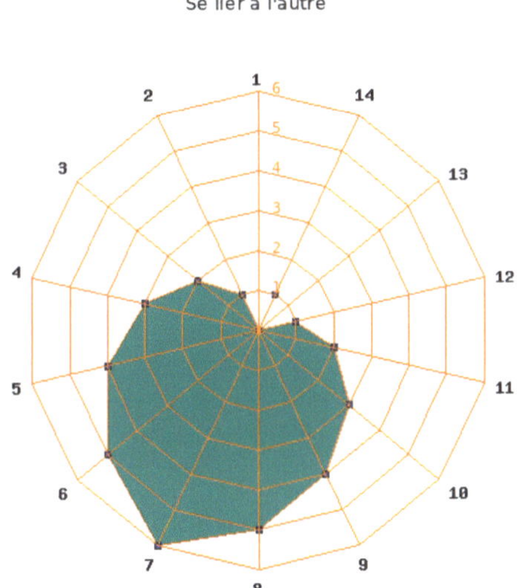

Exemples d'images issues du rapport de l'Index MetoWe

Pour rappel, voici les thèmes qui y sont abordés :

Se relier à soi :

Cette dimension évalue la capacité d'un individu à se connaître et à s'assumer pleinement, notamment à travers l'autonomie, la responsabilité personnelle, la gestion de soi, et la motivation intrinsèque. Elle inclut également la capacité à organiser son travail, à planifier ses actions, à gérer son temps, et à faire face aux défis avec confiance.

Se lier à l'autre :

Cette dimension évalue la capacité d'un individu à créer et entretenir des relations de confiance, basées sur l'authenticité, l'intégrité, l'écoute mutuelle et la réciprocité, au sein d'une équipe. Cela inclut la capacité à solliciter de l'aide et à se montrer vulnérable, tout en favorisant la réussite collective.

Se délier de l'autre :

Cette dimension évalue la capacité d'un individu à maintenir son individualité et à exprimer des opinions divergentes dans un groupe, tout en préservant des relations respectueuses et constructives. Elle inclut la capacité à naviguer dans des désaccords, à gérer l'autorité, à défendre ses idées sans crainte, et à réguler ses émotions dans des situations de tension.

S'allier à plus grand que soi :

Cette dimension évalue la capacité d'un individu à collaborer efficacement au sein d'un collectif pour atteindre des objectifs communs. Elle inclut la prise en compte des perspectives plus larges que ses propres intérêts, la gestion des dynamiques de pouvoir, l'adaptabilité face aux changements, et l'engagement envers des valeurs collectives et éthiques.

Débriefer l'Index MetoWe : Approche Individuelle

Débriefer l'index MetoWe au niveau individuel est une étape cruciale pour transformer les résultats du diagnostic en actions concrètes et significatives pour chaque personne. Ce processus repose sur une approche personnalisée pour analyser et interpréter les résultats de l'index MetoWe.

Il peut être débriefé individuellement par le participant lui-même et/ou avec un coach MetoWe lors d'une session de debriefing.

Préparer le Débriefing Individuel par le participant seul :

Voici le type de questions que peut se poser un participant à la réception de ses résultats :

- *Qu'est-ce qui me touche le plus dans mes résultats ? Qu'est-ce que je sais déjà sur moi qui se confirme ici ?*

- *Qu'est-ce qui me challenge dans mes résultats ? Qu'est-ce qui m'est montré dont je n'ai pas été tout à fait conscient jusqu'à présent ?*

- *Comment ces informations peuvent–elles me soutenir au mieux dans mes objectifs professionnels et dans ma relation aux autres ?*

- *Quels sont les résultats de ce test qui correspondent à ce que j'ai envie d'être et que je suis déjà ? ... que j'ai envie d'être et que je pourrais devenir ? ... que j'ai envie d'être et que je ne suis pas ?*

- *Quels sont les résultats dans ce test qui correspondent à ce que je n'ai pas envie d'être et que je suis parfois ? ... je pourrais devenir ? je ne serai jamais ?*

Préparer le Débriefing Individuel avec un Coach MetoWe

En tant que coach et avant de commencer le débriefing, il est essentiel de préparer le terrain. Cette préparation comprend plusieurs étapes clés :

- **Collecte des Résultats**

  Assurez-vous que le participant a complété l'index MetoWe et qu'il a accès à ses résultats individuels au format pdf.

- **Analyse Préliminaire**

  Effectuez une première analyse des résultats pour identifier les forces et les zones d'amélioration. Dans son rapport, recherchez des patterns et des anomalies spécifiques à l'individu.

- **Contexte Personnel**

  Prenez en compte le contexte spécifique de la personne, y compris son rôle dans l'organisation, ses objectifs personnels et professionnels, et ses valeurs. Comprendre le cadre dans lequel évolue le participant est crucial pour interpréter les résultats de manière pertinente.

- **Préparation du Participant**
  Informer le participant du déroulement du débriefing. Expliquez l'objectif, le processus, et l'importance de son engagement actif. Encouragez une attitude ouverte et introspective.

Étapes du Débriefing Individuel

Introduction au Débriefing

Commencez le débriefing par une introduction claire. Rappelez au participant l'objectif de l'index MetoWe et l'importance du débriefing pour traduire les résultats en actions concrètes. Insistez sur le fait que le processus est collaboratif et vise à créer un environnement de confiance et de croissance personnelle.

Exemple d'introduction :
« Bonjour [Nom], nous allons explorer ensemble les résultats de votre diagnostic MetoWe. Notre objectif est de comprendre vos forces et vos axes d'amélioration pour vous aider à développer vos compétences relationnelles et à atteindre vos objectifs personnels et professionnels. Soyez le plus ouvert et honnête possible dans nos échanges pour tirer le meilleur parti de cette session. »

Présentation des Résultats

La présentation des résultats doit être claire et structurée. Utilisez les visuels et les tableaux contenus dans le rapport pour rendre les données plus accessibles. Commencez par une vue d'ensemble avant de passer aux détails spécifiques de chaque pilier.

Vous pouvez rendre la restitution plus interactive encore en proposant à votre participant une feuille quadrillée ou apparaît sur un axe « Surpris » / « Pas Surpris », et un autre « Je le savais » / « Je ne le savais pas. » Vous pouvez aussi demander à votre participant ses résultats intuitifs : ce qu'il imagine que le test va révéler avant de lui restituer ses résultats.

Points clés à aborder :

- **Vue d'ensemble :** Présentez les scores globaux pour chaque pilier (se lier à l'autre, se délier de l'autre, se relier à soi-même, s'allier à plus grand que soi).
- **Forces :** Soulignez les domaines et les questions où le participant excelle.
- **Zones d'amélioration / de vigilance :** Identifiez les compétences ou les comportements nécessitant une attention particulière.

Exemple de présentation :

« Vos résultats montrent que vous avez une forte capacité à vous lier aux autres, avec un score de …. Cependant, il semble que vous ayez des défis en matière de se délier de l'autre, où votre score est de …. Explorons ces résultats en détail pour comprendre ce qu'ils signifient pour vous. »

Demandez-lui ensuite si ce sont des surprises ou pas.

Exploration des Résultats

Encouragez une discussion ouverte et approfondie sur les résultats. Utilisez des questions ouvertes pour faciliter l'exploration et la réflexion.

Questions pour guider la discussion :
Forces : *« Qu'est-ce qui explique vos bons résultats en matière de 'se lier à l'autre' ? Quelles pratiques ou comportements spécifiques contribuent à ce succès ? », « Pouvez-vous donner des exemples ? ».*

Zones d'amélioration : *« Quels sont les obstacles qui vous empêchent de vous délier de l'autre ? Pouvez-vous donner des exemples ? Comment pouvons-nous surmonter ces défis ? ».*

Exemple de discussion :
« Vous avez de bons résultats en matière de confiance et de collaboration. Quelles pratiques ou comportements spécifiques adoptez-vous pour établir ces liens de confiance ? À l'inverse, en quoi est-ce difficile pour vous d'exprimer des désaccords de manière constructive ? Quelle représentation avez-vous des conflits ? ».

MEtoWE
L'intelligence du lien
Relations
du client
Client
Coach
MetoWE
MetoWe
ATTENTION DU COACH MEtoWE
pendant le debriefing
de l'index MetoWe
ACCOMPAGNEMENT INDIVIDUEL

Analyse Approfondie par Pilier

Décomposez les résultats par pilier et par questions pour une analyse plus fine. Pour cela, vous pouvez reprendre les questions ou bien utiliser les questions suivantes pour engager une conversation passionnante.

- Se relier à soi-même :

Questions à explorer : « Comment pouvez-vous mieux vous connaître et vous assumer ? Quelles pratiques favorisent l'authenticité et la transparence personnelle ? ».

Questions spécifiques à l'intelligence du lien : « Quelle est la qualité de votre lien avec vos émotions, votre corps, votre intuition, vos rêves, vos peurs, vos besoins ? Comment prenez-vous soin du lien avec eux ? Comment prenez-vous soin de vous ? ».

- Se lier à l'autre :

Questions à explorer : « Qu'est ce que la confiance pour vous dans une équipe ? Comment établissez-vous des liens de confiance ? Quelles sont les pratiques qui favorisent la confiance ? Qu'est ce qui peut affecter la confiance pour vous ? Pouvez-vous donner des exemples ? ».

Questions spécifiques à l'intelligence du lien : « Quels sont les liens que vous chérissez dans l'équipe ? Avec qui est-ce facile ? Avec qui est-ce plus difficile ? ».

- Se délier de l'autre :

Questions à explorer : « Comment affirmez-vous votre différence dans l'équipe ? Quels sujets sont faciles à exprimer ? Quels sujets le sont moins ? Qu'est ce qui est difficile dans « exprimer votre différence » dans l'équipe ? Comment pouvez-vous améliorer votre capacité à accueillir des perspectives différentes ? ».

Questions spécifiques à l'intelligence du lien : « Quelle relation avez-vous avec vos limites ? Avec les limites des autres ? Quelle relation avez-vous avec la différence ? Comment prenez-vous soin du lien tout en vous déliant des autres ? ».

- S'allier à plus grand que soi :

Questions à explorer : « Comment intégrez-vous les perspectives des parties prenantes ? Comment pouvez-vous collaborer pour atteindre des objectifs communs plus grands ? Quelle place prenez-vous dans un collectif spontanément ? ».

Questions spécifiques à l'intelligence du lien : « Comment prenez-vous soin du lien quand vous êtes dans un collectif ? Quelle place occupez-vous dans un collectif ? Au début ? Au milieu ? À la fin ? ».

Pour le coach MetoWe, l'important est de garder à l'esprit que ce qui se passe dans sa relation avec son coaché est sûrement à l'image de ce qui se passe dans les relations au sein de l'équipe. C'est pourquoi le Coach MetoWe est au moins autant attentif aux résultats de l'index MetoWe dans le débriefing qu'il l'est de ce qui se passe dans sa relation avec le coaché.

Élaboration du Plan d'Action

Transformez les insights en actions concrètes. Pour chaque pilier, identifiez des actions spécifiques, des responsabilités claires, et des échéances qui dépendent de votre participant. Souvenez-vous qu'il est le seul responsable de son plan d'action.

Étapes pour élaborer des plans d'action :

- **Définir des Objectifs :** Établissez des objectifs clairs et mesurables pour chaque domaine d'amélioration.

- **Identifier des Actions :** Détaillez les actions nécessaires pour atteindre ces objectifs.

- **Attribuer des Responsabilités :** Désignez des responsabilités claires pour la mise en œuvre des actions et vérifiez qu'il est bien responsable des actions qu'il décide d'entreprendre.

- **Fixer des Échéances :** Aidez-le à définir les délais pour la réalisation des actions.

Suivi et Évaluation

Le débriefing ne se termine pas avec l'élaboration des plans d'action. Un suivi régulier et une évaluation continue sont essentiels pour assurer la mise en œuvre effective des actions et l'atteinte des objectifs.

Étapes pour le suivi et l'évaluation :

- **Réunions de Suivi :** Organisez au moins 3 sessions à distances de la session de restitution des résultats pour évaluer les progrès et ajuster les actions si nécessaire sur au moins 3 mois.

- **Feedback Continu :** Encouragez un feedback continu et constructif sur les actions mises en œuvre. N'hésitez pas à impliquer le manager dans ces feedbacks.

- **Évaluation des Résultats :** Mesurez les résultats obtenus par rapport aux objectifs fixés et ajustez les plans d'action en conséquence.

- À la fin des 3 sessions, faites une session de passage de relais au manager. Durant cette session, le participant partagera à son initiative les axes sur lesquels il souhaite être soutenu.

Débriefer l'index MetoWe au niveau individuel est un processus enrichissant et transformateur qui permet de tirer le meilleur parti des résultats du diagnostic. En suivant une approche structurée et personnalisée vous pouvez aider vos clients à identifier des actions concrètes pour renforcer leurs compétences relationnelles et améliorer leur performance globale. Ce processus nécessite un engagement constant et une volonté d'apprendre et de grandir.

L'accompagnement « MetoWe : l'intelligence du lien » va encore plus loin lorsque tous les membres d'une équipe passent leur Index MetoWe, qu'un profil d'équipe émerge et va pouvoir donner naissance à un accompagnement collectif avec en point de mire le séminaire ou l'atelier « MetoWe : l'intelligence du lien ».

Accompagner le collectif avec l'approche MetoWe

Débriefer l'Index MetoWe : Profil d'équipe

Débriefer l'index MetoWe au niveau collectif, après avoir collecté et compilé les profils individuels, est une étape essentielle pour transformer les résultats du diagnostic en actions concrètes pour l'équipe entière.

Ce débriefing prend souvent la forme d'un séminaire ou d'un atelier d'une journée pendant laquelle le collectif va vivre le modèle MetoWe de façon expérientielle. En alternant des moments ludiques de pratique et des conversations profondes sur chaque dimension du profil d'équipe, l'équipe va pouvoir prendre conscience d'elle-même : ses points forts, ses points de vigilance, et surtout pouvoir donner du sens à la dynamique actuelle en place. Elle va pouvoir s'approprier les résultats et se mobiliser dans l'action.

Le profil d'équipe aide également chacun à aligner ses objectifs individuels avec ceux de l'équipe en percevant son propre positionnement et fonctionnement au regard des résultats collectifs.

Préparation du Débriefing Collectif

Contexte Organisationnel

Avant de compiler les résultats individuels en profil collectif, reprenez le contexte spécifique de l'équipe. Quel était le contexte qui a donné lieu à cette démarche d'accompagnement ? Quels en sont les attendus ? Explorer le profil collectif au regard de ces objectifs est indispensable pour commencer à faire des hypothèses.

Pour autant il s'agit d'un premier niveau d'interprétation. Car dans MetoWe, ce sont les participants qui sont les experts de leur dynamique. Le profil d'équipe est juste là pour la mettre en lumière et favoriser des conversations courageuses qui la remettent en mouvement.

Collecte et Compilation des Résultats

Pour vous assurer que tous les membres de l'équipe ont complété l'index MetoWe, vérifiez que le nombre de personnes qui composent l'équipe est égal au nombre de profils que vous avez reçu. Une fois validé, envoyez à votre référent MetoWe un message pour qu'il compile ces résultats en profil d'équipe. Ce rapport vous est ensuite renvoyé avec une vue d'ensemble des scores pour chaque pilier, mettant en évidence les tendances générales et les variations au sein du groupe.

Analyse Préliminaire

Effectuez une première analyse des résultats collectifs pour identifier les forces globales et les zones d'amélioration. Recherchez des patterns récurrents, des divergences significatives entre les membres, et des anomalies qui pourraient signaler des tensions ou des désalignements. Cette étape est cruciale pour préparer une discussion structurée et ciblée.

Préparation des Participants

Lors du séminaire MetoWe, informez les membres de l'équipe du déroulement du débriefing collectif. Et même si l'équipe aura déjà été informée en amont du sens de la démarche, invitez le commanditaire de la démarche à rappeler son contexte, les attendus, et l'importance de l'engagement actif de chacun. Préparez cette introduction avec lui si nécessaire afin que vous soyez bien en phase l'un et l'autre.

À ce stade, le profil d'équipe est juste connu du responsable de l'équipe qui a bénéficié d'un premier debriefing des résultats et qui, grâce à votre accompagnement, a tenté de leur donner du sens.

Les équipes, elles, vont découvrir les résultats le jour du séminaire afin de profiter de l'effet de surprise, de maintenir leur attention jusqu'au jour « J » et de susciter des échanges à chaud.

Étapes du Débriefing Collectif

Introduction au Débriefing Collectif

Commencez par une introduction claire, rappelant l'objectif de l'index MetoWe et l'importance du débriefing pour traduire les résultats en actions concrètes pour l'équipe. Soulignez que le processus est collaboratif et vise à créer un environnement de confiance, de compréhension mutuelle et de croissance individuelle et collective.

Exemple d'introduction :

« Bonjour à tous, nous allons explorer ensemble les résultats de votre diagnostic d'équipe MetoWe. Notre objectif est de comprendre vos forces en tant qu'équipe ainsi que les axes d'amélioration pour mieux collaborer et atteindre vos objectifs communs. Ce processus est l'occasion pour chacun de s'exprimer ouvertement et de contribuer au développement collectif. »

Nous préconisons également, pour garantir une sécurité au sein du collectif, de ne projeter, partager, que les résultats collectifs. Pour rappel, les résultats de l'index MetoWe sont totalement confidentiels et le partage des résultats individuels ne peut se faire qu'à l'initiative du participant.

Cas particulier d'une équipe où les dimensions de sécurité et de confiance semblent absentes, ou pour laquelle vous avez un doute sur la fluidité des interactions.

Ce cas est très rare. Nous partons du présupposé – lié à notre expérience et à celle des coachs MetoWe – qu'une équipe qui s'engage dans une démarche de ce type dispose déjà du niveau de maturité nécessaire pour vivre cet accompagnement réflexif dans un contexte de confiance et de sécurité. Un dirigeant ou un manager qui vous contacterait et auquel vous auriez exposé les principes et les enjeux du modèle MetoWe ne prendrait pas le risque selon nous de vous « cacher » un contexte relationnel difficile, et si tel était le cas vos compétences de coach vous permettrait de le calibrer et de mettre en place un accompagnement adapté.

Prenons donc le cas où l'équipe que vous accompagnez a besoin que vous mettiez en place certaines précautions lors du débriefing. Nous préconisons alors que vous puissiez avoir un temps d'échange avec chacun des participants avant le debriefing collectif, au cours duquel vous aborderez leurs résultats individuels avec analyse des causes possibles et de plans d'actions potentiels. Un temps d'échange privilégié, sécure, intime, où vous pourrez aborder la mise en perspective de leur profil avec le profil de l'équipe qui suivra, où vous les rassurerez le cas échéant sur le fait que vous n'allez pas les nommer individuellement lors de la plénière, sur le fait que chacun aura à vivre sa réflexion individuelle par devers lui/elle, et vous serez à leur service pour toute question qu'ils prendront alors l'initiative de poser. Ceci afin que chacun se sente accueilli, vu, respecté avant le temps de débriefing collectif et capable de vivre ce dernier de façon sereine.

Présentation des Résultats Collectifs

Présentez les résultats de manière claire et structurée, en utilisant des graphiques ou des tableaux pour rendre les données accessibles. Rappelez le sens de chacune des dimensions du modèle MetoWe et offrez par une vue d'ensemble des scores moyens pour chaque pilier, puis explorez les écarts à la moyenne significatifs entre les membres.

Points clés à aborder :

- **Vue d'ensemble :** Présentez les scores globaux pour chaque pilier (se lier à l'autre, se délier de l'autre, se relier à soi-même, s'allier à plus grand que soi).

- **Forces collectives :** Soulignez les domaines où l'équipe excelle dans son ensemble.

- **Zones d'amélioration/vigilance :** Identifiez les dimensions nécessitant une attention particulière au niveau collectif.

Exemple de présentation : « Les résultats montrent que notre équipe a une forte capacité à se lier les uns aux autres, avec une moyenne de 4.2 sur 5. Cependant, nous rencontrons des défis en matière de se délier de l'autre, où la moyenne est de 3.0, ce qui pourrait suggérer que nous avons du mal à exprimer notre différence et à gérer les désaccords. Explorons ces résultats en détail pour comprendre ce qu'ils signifient pour nous en tant qu'équipe. »

Exploration des Résultats Collectifs

À chaque étape de présentation des résultats, encouragez une discussion ouverte et approfondie sur les résultats collectifs. Structurez les échanges avec des questions qui seront abordées en sous-groupes. Pour cela, vous pouvez vous appuyer sur les questions de l'Index MetoWe pour cibler les sujets les plus pertinents.

Ces échanges sont aussi l'occasion pour les participants de partager s'ils le souhaitent certaines dimensions de leur propre index. Vous pouvez par exemple les inviter à répondre autant pour eux personnellement que collectivement.

Exemple de questions pour guider la dicussion générale :
• Qu'est-ce qui me touche le plus dans les résultats de l'équipe ? Qu'est-ce qui se confirme ici pour moi ? Quels sont les points me concernant qui participent à la force du collectif? Ceux qui le pénalisent ?

• Qu'est-ce qui me challenge dans ces résultats collectifs ? Qu'est-ce qui est montré dont je n'ai pas été tout à fait conscient jusqu'à présent ?

• Quels sont les résultats de ce test que nous avons envie d'être en tant qu'équipe ? Que pourrions–nous devenir collectivement (notre potentiel) ?

• Quels sont les résultats dans ce test que nous n'avons pas envie d'être et que parfois nous sommes ?

Analyse Approfondie par Pilier

Décomposez les résultats par pilier pour une analyse plus fine des dynamiques d'équipe. Pour chacune des dimensions du modèle, explorez l'état présent de l'équipe (ce qui est déjà là) de l'état désiré (ce qu'on voudrait qui soit). Orientez ces questions au regard des objectifs de la démarche et des résultats du profil collectif. Vous pouvez aussi reprendre les questions de l'index MetoWe qui ont le plus attiré votre attention dans les résultats du test.

Pour rendre ce débriefing plus interactif et expérientiel, offrez à vos participants des occasions de vivre experientiellement et corporellement les dimensions du modèle MetoWe. Cela crée de l'interactivité et permet à chacun de mieux s'approprier les dimensions du modèle avant d'ouvrir l'espace de discussion. Cela favorise la synchronie cérébrale et la cohérence sociale. Et comme les exercices sont souvent très ludiques, cela redynamise la dynamique du groupe et les échanges ! (Et si vous pouvez aller en extérieur pour cela, c'est encore mieux !)

Se relier à soi-même :

Expérience somatique : Tous les exercices stimulent la capacité à se positionner et à s'assumer.

Questions à explorer : « Qu'est ce que veut dire être responsable et s'assumer dans l'équipe ? Quels exemples illustrent le plus notre capacité à être autonome dans l'équipe ? le moins ? ».

Se lier à l'autre :

Expérience somatique : Toutes les expériences autour de la confiance à deux et à plusieurs. Notamment les exercices corporels qui explorent la notion de se sentir en sécurité et s'appuyer sur les autres.

Questions à explorer : « Comment notre équipe construit-elle la confiance ? Quelles sont les pratiques collectives qui affaiblissent les initiatives ? Quelles sont les bonnes pratiques du feedback qui fonctionnent bien chez nous ? A quels moments la confiance a-t-elle été affectée dans notre équipe ? ».

Se délier de l'autre :

Expérience somatique : Tous les exercices corporels souvent issus des arts martiaux qui évoquent la capacité à se positionner, à exprimer des limites comme la capacité à dire « Non », à dire « Stop » ou « Attendez ».

Questions à explorer : « Quels sont les conflits que nous rencontrons au quotidien ? Qu'est ce qui fonctionne bien/ moins bien dans la gestion des désaccords entre nous ? Quels sujets sont difficiles à aborder ? ».

S'allier à plus grand que soi :

Expérience somatique : Tous les exercices corporels qui encouragent la collaboration.

Questions à explorer : « Quelles sont nos valeurs en tant que collectif ? À quel(s) moment(s) agissons-nous de façon alignée avec nos valeurs ? Quand le sommes-nous moins ? Quelles conséquences devons-nous assumer ? ».

Élaboration de Plans d'Action Collectifs

Pour chaque pilier, identifiez des actions spécifiques, des responsabilités claires, et des échéances qui dépendent de l'ensemble du groupe.

Étapes pour élaborer des plans d'action collectifs :

- **Définir des Objectifs Collectifs :** Établissez des objectifs clairs et mesurables pour chaque domaine d'amélioration.

- **Identifier des Actions Concrètes :** Détaillez les actions nécessaires pour atteindre ces objectifs, en impliquant chaque membre de l'équipe dans le processus.

- **Attribuer des Responsabilités Collectives :** Désignez des responsabilités claires au sein de l'équipe pour la mise en œuvre des actions.

- **Fixer des Échéances :** Définissez des délais pour la réalisation des actions, avec des points de suivi réguliers.

- **Mettez en place un processus de « buddy »**, sous forme de groupes de co–développement ou de mastermind. Cela renforcera la cohésion et la bienveillance au sein dudit collectif.

Exemple de plan d'action collectif : « Pour améliorer notre capacité à exprimer des désaccords, nous allons organiser des ateliers de communication assertive pour toute l'équipe. Nous établirons également des règles du jeu pour les discussions afin de garantir un environnement respectueux et constructif. Ces actions seront mises en place dans les six semaines et évaluées d'ici 6 mois ».

Suivi et Évaluation Collectifs

Le débriefing collectif ne se termine pas avec l'élaboration des plans d'action. Un suivi régulier et une évaluation continue sont essentiels pour assurer la mise en œuvre effective des actions et l'atteinte des objectifs.

Étapes pour le suivi et l'évaluation :

- **Réunions de Suivi :** Organisez des réunions de suivi régulières pour évaluer les progrès collectifs et ajuster les actions si nécessaire. Ces réunions doivent avoir lieu sur une période d'au moins six mois. Nous en préconisons 6 !

- **Feedback Continu :** Encouragez un feedback continu et constructif au sein de l'équipe sur les actions mises en œuvre et les résultats obtenus. Encouragez la mise en place d'un tableau des réussites pour encourager une dynamique positive.

• **Évaluation des Résultats :** Mesurez les résultats collectifs par rapport aux objectifs fixés et ajustez les plans d'action en conséquence.

Il est fondamental que chacun suive également de façon concomitante son plan d'action individuel et mette les deux en perspective!

Enfin, il peut être utile d'organiser une session de passage de relais où l'équipe partage avec les managers ou les parties prenantes externes les axes sur lesquels elle souhaite être soutenue, afin de mobiliser toutes les parties prenantes de la démarche.

Retours d'expérience de nos clients

MetoWe dans une Équipe du Médico-Social

1. Contexte de l'intervention :

Véronique a été appelée à intervenir auprès d'une équipe de 12 directeurs d'établissements médico-sociaux spécialisés dans l'accompagnement des personnes en situation de handicap mental. Cette équipe devait non seulement piloter plusieurs structures, mais aussi travailler en synergie pour prendre des décisions cruciales. Cependant, dès le départ, des tensions étaient palpables, avec une communication difficile et une absence de cohésion qui entravaient la coopération nécessaire à leur mission. Face à ces difficultés, l'équipe a exprimé une demande claire : « Aidez-nous à coopérer. »

2. Découverte et introduction du modèle MetoWe :

Après plusieurs mois d'observation et de travail, Véronique a introduit le modèle MetoWe pour offrir à l'équipe un miroir plus précis de ses dynamiques individuelles et collectives. Ce choix n'était pas anodin : à ce stade de l'intervention, il s'agissait de faire un bilan sincère et courageux des capacités de chacun à travailler ensemble.

Le modèle MetoWe et ses quatre dimensions leur a permis de comprendre leurs propres comportements dans le groupe, souvent refoulés ou inconscients.

Le diagnostic MetoWe a permis au comité de direction de faire une pause salvatrice pour vraiment s'arrêter et se demander : « Où en sommes-nous individuellement et collectivement ? ». Certains ont accepté les résultats comme un diagnostic fidèle, d'autres ont été déstabilisés. Cet outil a mis en lumière non seulement leurs forces, mais aussi leurs points de blocage.

3. Résultats et effets observés :

L'approche MetoWe a provoqué un véritable électrochoc au sein de l'équipe. Si certains ont accepté avec lucidité les retours individuels, d'autres ont eu plus de mal et se sont sentis confrontés par certains résultats. Un aspect marquant a été l'effet déclencheur du travail individuel sur la coopération collective. En réalisant que leurs propres freins personnels – leur résistance – impactaient le groupe, ils ont commencé à repenser leur manière de collaborer.

Un exemple concret fut la prise de conscience, pour plusieurs membres, de leur difficulté à lâcher prise et à faire confiance. *« J'ai réalisé que je tenais trop à tout contrôler, ce qui bloquait les échanges avec mes collègues »*, a reconnu l'un des directeurs.

C'est là que le modèle a fait toute la différence : en leur montrant que la coopération naît d'abord d'une introspection sincère. Ce travail a été amplifié par la dimension collective de MetoWe, qui a mis en lumière les complémentarités et la diversité des points de vue au sein de l'équipe.

4. Bilan et leçons tirées :

Véronique a pu observer un changement progressif mais réel au sein de l'équipe. Toutefois, elle a également reconnu que l'outil aurait dû être intégré plus tôt dans le processus pour maximiser son impact. Si c'était à refaire, elle aurait introduit MetoWe dès les premières semaines, permettant ainsi une évaluation plus précoce et un ajustement des interventions en fonction des résultats individuels.

Elle recommande également de combiner le modèle MetoWe à un suivi régulier, incluant des entretiens individuels pour approfondir les résultats, car comme elle l'a constaté, la coopération ne peut se construire sans un travail personnel préalable.

5. Notre regard

L'intervention de Véronique soulève 3 questions :

- **"Trouver le bon moment"** : Nous suggérons d'utiliser l'index MetoWe le plus tôt possible dans l'accompagnement des équipes pour renforcer la connaissance de soi et la connaissance des autres au sein du collectif. D'un côté, le questionnaire attire l'attention sur la responsabilité de chacun à créer une bonne qualité de relation et d'un autre le partage des profils individuels (selon le bon vouloir des participants) renforce la confiance mutuelle et la compréhension des différences. Ils finissent parfois même à en jouer entre eux.

- **"Penser intégration"** : Les résultats de l'index MetoWe appellent au minimum une séance de debriefing individuel pour leur donner du sens. Nous en recommandons 3, mais le minimum est 1. Faute de quoi, ils peuvent générer de l'incompréhension et rester au niveau d'un savoir sur soi plutôt qu'un réel levier de changement personnel.

- **"La fin versus les moyens"** : L'enjeu avec les résultats de l'index MetoWe n'est pas de savoir s'ils sont vrais ou faux mais de savoir comment ils font sens. Pour l'équipe, l'objectif est de générer des conversations courageuses sur sa dynamique relationnelle et, pour chaque participant, de pouvoir partager sa perception plutôt que de savoir qui a raison.

Dans ce retour d'expérience, on entend bien comment l'index MetoWe permet d'offrir un miroir individuel autant que collectif comme point de départ à une démarche de changement.

MetoWe dans un cabinet comptable

1. Contexte de l'intervention :

Un cabinet comptable, sur le point de devenir « Entreprise à mission », organise pour ses équipes un événement festif annuel. Cette année, dans leur contexte de croissance, les dirigeants souhaitent mobiliser leurs équipes sur l'avenir du cabinet et autour de la collaboration inter-sites.

2. Design de l'intervention :

Nous rencontrons le trinôme de dirigeants afin de leur présenter la démarche qui comprendra :

- L'index MetoWe individuel pour tous les membres de l'équipe (40 personnes environ) avec l'accès à un guide de passation et une vidéo guide.

- Un séminaire d'une journée avec restitution du profil MetoWe collectif et la mobilisation des équipes sur les thèmes choisis par l'équipe dirigeante.

- La synthèse des travaux de la journée en équipe et les pistes d'action pour l'amélioration du fonctionnement des équipes.

3. Retour sur la journée des participants/notre regard

À chaud les équipes ont produit ce nuage de mots en ligne :

Sur leur expérience du séminaire, les équipes nous ont renvoyé à froid les qualificatifs suivants :

- **« Honnêteté, liberté de parole »** : le séminaire MetoWe a libéré la parole des participants pour aborder les vrais sujets. Le cadre qui est posé y contribue bien sûr.

- **« Engagement, état d'esprit constructif, pro-actif, dynamique » :** Les étapes du processus MetoWe ont mobilisé les équipes qui ont su « rentrer » dans les expériences que nous leur avons proposées. C'est vrai que la journée organisée en 4 temps (les 4 dimensions du modèle) permet de donner du rythme au séminaire. L'alternance expérience ludique à deux ou à plusieurs plus debriefing et application sur le terrain ouvre des espaces de discussion riches.

MEtoWE
L'intelligence du lien 
Ouverture
Confiance
Solidarité
Ensemble
Communication
Construire
Echange
Evolution
écouté
Ecoute
Entraide
Partage
mettre
Interaction
Co
Gratitude
Responsabilité
construction
Cohésion
Possible Nature
Être
Groupe
Humble
Liberté
Limites
Collectif
Equipe
Bienveillance
NUAGE DE MOTS A CHAUD
À L'ISSUE DU SEMINAIRE MEtoWE

• **« Lucidité des participants sur leurs propres axes d'amélioration »** : Il est intéressant de noter que MetoWe n'a pas permis aux équipes d'apprendre quelque chose de nouveau. Quelque chose qu'elles ne savaient pas déjà. Et c'est vrai que ce n'est pas le but. Le but d'un séminaire MetoWe est de parler des vrais sujets que tout le monde connaît et dont personne ne parle. Encore une fois, l'index MetoWe favorise des conversations courageuses aux équipes qui se donnent les moyens de prendre soin du lien qui les unit pour mieux repartir ensuite.

• La journée a permis de faire émerger de la part des équipes **25 initiatives d'amélioration de la collaboration inter-sites et pour le futur du cabinet**.

• À notre grand regret, le cabinet n'avait pas prévu (et c'est malheureusement fréquent) de budget pour le suivi de la journée MetoWe. Nous ne savons pas à ce jour comment les équipes se sont appropriées la mise en œuvre du plan d'action issu de ces initiatives.

MetoWe dans une équipe de l'industrie pharmaceutique

1. Contexte de l'intervention :

Elisabeth coache le manager d'une équipe support data science d'un site d'une entreprise pharmaceutique. Membre du CODIR, ce manager est de moins en moins présent au niveau de l'équipe. Il a besoin qu'elle soit plus autonome. Une demande apparaît à la fin du coaching quant à l'essoufflement de l'équipe dont un des membres est parti en burn-out. Pour lui, l'équipe doit renforcer sa dynamique collective et mettre en place un leadership partagé. Les membres de l'équipe ont besoin de créer un fonctionnement transversal optimal et de renforcer leur cohésion.

2. Design de l'intervention :

Suite aux échanges avec le manager de l'équipe, celui-ci comprendra :

• Une phase diagnostic d'équipe avec l'index MetoWe individuel pour tous les membres de l'équipe (12 personnes environ) avec l'accès au guide de passation et à la vidéo guide.

• Un séminaire d'une journée en dehors de l'entreprise avec restitution du profil MetoWe collectif et la mobilisation de l'équipe sur les thèmes choisis par le manager.

• La synthèse des travaux de la journée en équipe et les pistes d'action pour l'amélioration du fonctionnement de l'équipe.

3. Retour sur la journée des participants/notre regard

• **"Surprise"** : Le diagnostic Metowe a révélé que la cohésion de l'équipe (s'allier à plus grand que soi) n'avait pas particulièrement besoin d'être renforcée. Dans les séminaires MetoWe, il n'est pas rare que le problème de départ ne soit pas le problème d'arrivée. Dans ce contexte, le soutien du manager était essentiel. Il a bénéficié des résultats collectifs avant le séminaire et devait avoir une compétence essentielle pour favoriser la réussite de la démarche : accepter d'être surpris.

• **"Mettre des limites"** : Ce que le profil collectif MetoWe a mis en évidence (et qui leur est nettement apparu grâce aux expériences proposées durant le séminaire) était de manière générale leur difficulté à dire "non", aux urgences d'autres sites notamment. Ce qui les mettait eux-mêmes en tension. Cette simple prise de conscience a déclenché un repositionnement collectif et un soulagement dans leur fonctionnement.

La force des interventions avec l'approche MetoWe repose dans l'espace de confiance qu'elles créent pour avoir des conversations courageuses sur les sujets que tout le monde connaît mais dont personne ne parle comme "mettre une limite aux pseudo-urgences des autres sites".

• **"La force des conversations courageuses"** : Des axes de progrès et des facteurs de succès individuels et collectifs ont été mis en place pour améliorer la situation, la performance et la santé psychologique des membres de l'équipe. Avec l'expérience, l'approche MEtoWe nous démontre à chaque fois à quel point la qualité des relations impacte la performance et la santé des équipes. Donnez leur l'opportunité d'avoir "des conversations qui importent" et vous leur ouvrez la voie d'une plus grande réussite collective.

FAIRE VIVRE « MetoWe : l'intelligence du lien »

Faire vivre expérientiellement aux participants chaque pilier du modèle MetoWe est une des particularités de l'accompagnement MetoWe. Lors des séminaires de restitution « MetoWe », nous proposons à nos clients de vivre des expériences collectives qui mettent en lumière chaque dimension du modèle. Les participants s'amusent sérieusement ensemble et font des ponts entre les expériences vécues, leur dynamique d'équipe et les résultats du test.

Voici quelques exemples de pratiques que nous faisons vivre à nos participants pendant le séminaire MetoWe :

Se relier à soi – S'assumer :

- **Expérience 1 :** Expérimenter la capacité à faire le poids en situation.

- **Expérience 2 :** Expérimenter la capacité à se sentir à la hauteur.

- **Expérience 3 :** Expérimenter la puissance de la pensée.

Se lier à l'autre – Construire la confiance :

- **Expérience 1 :** Expérimenter la qualité du lien à travers le regard.

- **Expérience 2 :** Expérimenter la proximité et la distance dans la relation.

- **Expérience 3 :** Expérimenter soutenir et être soutenu. À diriger et à être dirigé.

Se délier de l'autre – Exprimer sa différence et ses limites :

- **Expérience 1 :** Expérimenter l'énergie du « Non », « Stop », « Attendez. »

- **Expérience 2 :** Expérimenter l'énergie de la souplesse et de la rigidité.

- **Expérience 3 :** Expérimenter l'énergie de l'attaque et de la protection.

S'allier à plus grand que soi – Collaborer :

- **Expérience 1 :** Capacité à atteindre un objectif différent ensemble.
- **Expérience 2 :** Co-développement avec le corps en équipe.
- **Expérience 3 :** Co-alignement d'équipe avec le corps.

Pour les participants, il y a deux manières de vivre ces expériences : la première est de les vivre de façon extérieure comme des jeux sans aucun sens. C'est amusant pour le collectif et c'est une premier niveau d'expérience. La seconde, plus intéressante, est avec une vraie conscience que ces expériences peuvent être le miroir de quelque chose d'eux-mêmes qui se reflète à travers l'expérience et qui leur parle de leur rapport à l'autre dans l'équipe. Une façon de donner du sens à leur profil MetoWe notamment. Et c'est là que le rôle du facilitateur est important : il est le garant du sens de ces expériences.

Chacun de ces exercices est enseigné durant la formation de coach MetoWe.

Résumé des points clés du chapitre 4

L'approche MetoWe propose un accompagnement complet des équipes : depuis le diagnostic individuel jusqu'au séminaire de restitution et d'appropriation des résultats collectifs.

Cet accompagnement est structuré pour que les dimensions du modèle MetoWe soient vécues autant que comprises.

Il met en avant l'utilisation de l'Index MetoWe pour analyser les dynamiques personnelles et de groupe, et propose des étapes pour guider les débriefings et les ateliers collectifs.

Pour aller plus loin :

• Reprenez les résultats de votre profil MetoWe et répondez aux questions de debriefing proposées dans ce chapitre. Faites appel à votre flexibilité psychologique pour imaginer des pistes de progrès.

• Faites passer l'index MetoWe à votre collectif. Partagez votre profil individuel tous ensemble et découvrez votre profil d'équipe lors d'une journée de cohésion d'équipe. Célébrez les points forts du collectif ! Soulignez les points de vigilance de l'équipe !

• Faites appel à un coach MetoWe pour faciliter ces ateliers. Voir le site **www.index-metowe.com/fr**.

CHAPITRE 5

ÊTRE EN LIEN :
Dialogue génératif en vous et nous

« L'esprit s'enrichit de ce qu'il reçoit, le coeur de ce qu'il donne. »

—Auteur Inconnu

« **M**etoWe : L'intelligence du lien » n'est pas seulement un concept pour nous. C'est un chemin de vie, à la fois personnel et professionnel. Dans ce chapitre, nous partageons avec vous une conversation générative que nous avons eue ensemble et qui nous a permis de revenir sur le chemin parcouru et de réfléchir sur celui qui reste à parcourir. Nous espérons que cela vous parlera et que vous y trouverez un approfondissement de ce que vous avez lu dans les chapitres précédents.

QUESTION : Qu'est-ce qui nous a vraiment conduit sur le chemin de « MetoWe : l'intelligence du lien » ?

Elisabeth : Ce qui me vient spontanément, c'est qu'au tout début de notre collaboration, il y avait vraiment quelque chose de nouveau, de tellement émergent, de très collaboratif, qui sortait de l'ordinaire. C'était différent de ce que j'avais pu vivre avant, avec d'autres équipes. Si je repense à ce moment-là, je vois bien qu'il y avait une résonance entre nous qui était forte, presque inconsciente. On partageait les mêmes valeurs, comme le respect et l'admiration, et c'était impressionnant de voir comment tu « étais » et comment tu travaillais. Je pense que ça a été le point de départ, quelque chose qui m'a marquée.

Jean François : Oui, pour moi, c'était à Santa Cruz en Californie, en présence de plusieurs dizaines de nationalités, on a vraiment ressenti un profond sentiment d'appartenance à l'Humanité. On était dans une formation pour devenir Master Trainer et je me souviens que Judith Delozier a évoqué l'idée du « Voyage du Héros Collectif ». Contrairement au Voyage du Héros classique où le héros est seul, là, il s'agissait de développer la conscience de ce qui nous relie tous les uns aux autres pour faire face aux épreuves auxquelles le monde est confronté. Et je crois que c'est à ce moment-là que l'intuition de MetoWe a commencé à se manifester : Relier le « Je » et le « Nous ».

Elisabeth : Oui, ça résonne de ce que tu dis. Et je me souviens aussi de cette salle dans laquelle nous étions. Et de ce champ qui nous portait et les émergences, les prises de conscience que l'on avait tous les 2 comme en ping-pong. Beaucoup d'idées, en résonance avec un ressenti. Je me souviens de grands moments d'émotions où, à un moment donné, dans un des ateliers, c'est la notion d'Âme du Monde aussi qui a émergé et à quel point on était impactés au niveau de notre cœur. On a pu ressentir vraiment physiquement toute cette connexion les uns aux autres.

QUESTION : Quand as-tu pour la première fois ressenti dans ta vie l'urgence de passer du « Je » au « Nous » ?

Elisabeth : C'est une bonne question, qui me parle beaucoup. D'aussi loin que je me souvienne, j'ai toujours été très attentive aux autres, au point de m'oublier moi-même parfois. Il y a eu un moment, à Santa Cruz notamment, où j'ai ressenti l'urgence de revenir à mon « je », de ne plus me perdre dans le collectif. C'était vraiment une prise de conscience forte pour moi, parce que je me sentais souvent épuisée à force de m'oublier. Donc pour moi il fallait plutôt que je passe du « Nous » au « Je » plus que l'inverse.

Jean François : C'est vraiment une question importante parce que, je trouve que l'essence de « MetoWe : l'intelligence du lien » n'est pas dans le « Me » ou le « We », il est dans le « To ». C'est l'articulation entre les deux qui importe. Toute ma vie, j'ai été très tourné vers les autres en mode sacrifice comme si c'était un mode par défaut en moi. Mon développement personnel m'a appris à revenir vers moi, à mon « Je ». Aujourd'hui, je peux revenir au « Nous », mais en étant plus moi-même. Ce n'est pas un « Je » qui se fond et se perd dans le collectif, mais un « Je » qui apprend à trouver sa place dans le « Nous » tout en étant conscient de lui-même et de ses limites. J'ai l'impression d'avoir plus de souplesse aujourd'hui.

Elisabeth : Oui, oui! Cela résonne tout à fait. Et puis à travers aussi notre collaboration ou la collaboration dans d'autres équipes, cette prise de conscience de plus en plus marquée que cela ne peut être porteur, écologique, que si chacune des parties prenantes y gagne vraiment. Le « nous » est constitué de « uns » solides et qui existent vraiment.

QUESTION : Si tu devais parler de toi, de ton profil MetoWe, qu'est ce qu'il dit de toi ?

Elisabeth : Mon profil montre que je suis capable de dépendre des autres quand je le choisis, mais que je sais aussi désormais revenir à moi-même. Me « relier à plus grand que moi » est ma zone de confort, avec toujours une vigilance dans le « me relier à moi-même ». Je peux aussi facilement me détacher des autres dans des situations inconfortables, ma vigilance étant encore que ce soit dans la douceur et avant qu'il ne soit trop tard pour cela, donc en me prenant en compte assez tôt dans le processus. Il m'est tellement fondamental de ne pas blesser l'autre que parfois cela me prend trop d'énergie.

Jean François : Moi, c'est la capacité « Se relier à moi-même » qui ressort dans mon profil. J'ai construit ma seconde partie de vie autour de ça. A un certain niveau, j'ai longtemps eu la croyance que « Je ne peux compter que sur moi et je n'ai pas le droit de demander de l'aide ». C'est comme si j'avais peur de m'appuyer sur l'autre, ce qui a longtemps impacté et impacte encore ma capacité à me « Lier à l'autre ». Mon défi actuel, c'est d'apprendre à me délier de l'autre sans être dans le rejet de l'autre. Au niveau de « S'allier à plus grand que soi », je sens que je suis de plus en plus conscient de là où je veux mettre mon énergie, je prends conscience qu'elle n'est pas infinie. J'ai moins besoin d'appartenir à un collectif juste pour faire partie d'un groupe et ne pas être seul. Je choisis maintenant les collectifs avec lesquels je résonne, dans lesquels je peux vraiment apporter quelque chose et dont la vision amplifie la mienne.

QUESTION : Et quels sont les moments les plus difficiles dans l'exploration du lien du « Je » au « Nous » pour toi ?

Elisabeth : Ce qui est le plus difficile pour moi, c'est de passer du « Nous » au « Je » quand j'ai besoin de résoudre un problème rapidement, et que l'autre personne a besoin de plus de temps. Je n'aime pas les non dits, j'ai besoin de clarification tout de suite. Accepter ce décalage est compliqué. Pour passer du « Je » au « Nous », j'ai besoin de sentir qu'il y a du sens, que ce qu'on fait ensemble a une utilité. Si le collectif ne résonne plus pour moi, je me détache plus facilement.

Jean François : Moi, c'est quand mes besoins ne sont pas satisfaits que c'est le plus difficile. Quand je suis fatigué ou que je n'ai plus d'énergie, j'ai beaucoup de mal à être dans le « Nous ». J'ai encore souvent besoin de toucher ma limite et qu'elle s'impose à moi et aux personnes autour de moi. Ce qui est compliqué aussi, c'est quand je me retrouve face à des gens qui ne prennent pas leurs responsabilités dans un collectif. Ça me pousse à tout prendre en charge, une de mes tendances, et ça génère beaucoup de frustration en retour chez moi.

QUESTION : Alors en quoi MetoWe, l'intelligence du lien a changé quelque chose en toi, au-delà et en nous, au-delà du livre ?

Elisabeth : J'ai plus l'impression que MetoWe est né de nos expériences que l'inverse. Ce que ça m'a apporté, c'est une lecture plus claire des dynamiques dans les collectifs auxquels j'appartiens. Cela explicite beaucoup plus facilement mes ressentis, mes comportements. Et je vois, je sais plus facilement si j'ai envie d'appartenir à un groupe, et au-delà de l'envie, si c'est possible, en fonction de la maturité et de l'alignement avec les autres membres. D'un chemin de conscience intuitif cela devient un chemin de conscience « conscient »!

Jean François : Pour moi, MetoWe est devenu un chemin de conscience sans doute parce que cela résonne avec ma blessure d'origine qui est de trouver ma place entre le « Je » et le « Nous ». C'est un mouvement constant, une articulation (sans mauvais jeu de mots) entre le « Je » et le « Nous ». C'est plutôt un processus vivant en moi qui donne du sens à ce que je vis et à ce qu'on vit ensemble tous les deux.

Elisabeth : C'est très intéressant ce que tu dis là. Ce qui m'est venu c'est qu'en fait le « Nous » fait un feedback au « Je » : qu'est ce qui fait que là le « Nous » ne fonctionne pas ? Et à partir de là le chemin de conscience c'est d'être, de ressentir, de revenir à son alignement personnel. Au-delà d'un ego peut-être blessé. Où est la justice ? Où est la justesse dans mon positionnement ? Et à partir de là, qu'est-ce que je dois faire pour moi ? Qu'est-ce que je dois faire avec l'autre ? Et pour moi, c'est comme un guide, une ligne de conduite, et si on dérape d'une virgule cela ne marche pas et est douloureux. Du coup, ce vécu et la force, le courage de vouloir comprendre permettent de mettre en évidence le « pourquoi » ça ne marche pas. Et là où individuellement je dois avoir un axe de réflexion et de travail personnel. Et à ce moment-là, à chaque fois que l'on vit cela, eh bien le « Nous » reprend toute son ampleur. Et ça, c'est un immense cadeau.

QUESTIONS : Quels sont nos espoirs, nos rêves ? Quelle est la vision derrière « MetoWe : l'intelligence du lien » ?

Elisabeth : Mon rêve, c'est que MetoWe aide chacun à grandir en conscience, que nos collectifs deviennent plus pérennes, plus sains. Et que tout ça soit nourri par un amour inconditionnel, qui donne du sens à ce que nous faisons ensemble. J'aimerais que chacun puisse vibrer avec ça en permanence.

Jean François : À un certain niveau, MetoWe c'est la rencontre entre l'Ego (la partie) et l'Âme (le tout). Nous sommes tous des parties d'un tout qui font partie d'autres ensembles plus grands. L'enjeu c'est la conscience des liens, du « Je » au « Nous », c'est ce qui fait cruellement défaut aujourd'hui pour relever les défis auxquels l'humanité est confrontée. C'est en renforçant cette qualité du lien à tous les niveaux qu'on pourra vraiment avancer. Que MetoWe développe la conscience inclusive entre l'Ego et l'Âme !

Elisabeth : Oui, et comme par hasard, nous voyons de plus en plus, à l'heure actuelle, émerger des communications,, des réflexions autour de cette intelligence du lien, autour de l'intelligence de la relation. Et en amont il s'agit bien de la relation avec soi pour pouvoir justement entrer en relation avec l'autre, avec tout collectif. Donc quelque part, je dirais que le timing est parfait! Et puissions nous apporter notre participation à cette œuvre collective de notre « Je » à un « Nous » sain et pérenne et bien au-delà!

Conclusion

« MetoWe : l'intelligence du lien » :
Un chemin vers la Maturité Relationnelle

En voyageant à travers les méandres de nos relations, tant avec nous-mêmes qu'avec les autres, nous sommes amenés à comprendre que l'intelligence du lien que propose MetoWe n'est pas un objectif à atteindre, mais un processus continu, un art de vivre qui se construit jour après jour. Cette maturité, qu'elle soit individuelle ou collective, repose sur notre capacité à nous relier, à nous lier, à nous délier et, finalement, à nous allier à quelque chose de plus grand que nous. Mais comment cette maturité se manifeste-t-elle concrètement dans nos vies et dans nos collectifs ?

Se lier à l'autre, c'est choisir de bâtir des ponts plutôt que de creuser des fossés. C'est un acte de courage et de vulnérabilité, où l'on décide d'ouvrir son cœur et son esprit à l'autre, malgré les différences, malgré les incertitudes.

Cependant, cette confiance ne se décrète pas, elle se construit patiemment, à travers des attitudes simples mais significatives. C'est cette confiance qui nous permet de ne pas sombrer dans le conflit, mais de transformer le désaccord en dialogue constructif.

Un collectif mature est celui où les membres savent qu'ils peuvent compter les uns sur les autres, non pas pour tout savoir ou tout résoudre, mais pour chercher ensemble, pour tenir le cap même quand la mer devient agitée. Cette sécurité psychologique, bien que fragile, est le socle sur lequel tout le reste peut s'appuyer.

Mais se lier ne signifie pas se fondre dans un moule unique. Il arrive un moment où, pour grandir, il faut aussi savoir se délier de l'autre dans un mouvement vers soi et au-delà de soi. Ce n'est pas un rejet, mais un profond respect de la différence de chacun. C'est comprendre que l'unité ne se trouve pas dans l'uniformité, mais dans la diversité des voix, des perspectives, des expériences.

Se délier, c'est oser exprimer ses désaccords, c'est se permettre de dire non quand cela est nécessaire, c'est affirmer sa différence sans pour autant rompre le lien. Dans un groupe, la maturité relationnelle se voit dans la capacité des membres à accueillir ces différences non comme des menaces, mais comme des opportunités d'enrichir le collectif. C'est dans cette dynamique d'altérité que l'innovation prend racine, que les idées nouvelles émergent, que les solutions inédites sont trouvées.

Le lien avec l'autre n'est possible que si nous sommes d'abord reliés à nous-mêmes. Se relier à soi, c'est connaître et accepter ses forces et ses fragilités, c'est savoir écouter ses propres émotions et ses besoins, tout en étant attentif à ceux des autres. C'est faire preuve d'authenticité dans ses relations, sans masque, sans faux-semblant.

Dans un collectif, cette authenticité est précieuse. Elle crée un climat où chacun peut être vrai, où les interactions ne sont pas dictées par la peur du jugement, mais par un désir sincère de collaboration. Mais cette authenticité demande du courage. Elle nous pousse à nous regarder en face, à reconnaître nos imperfections, à accepter que nous ne pouvons pas tout contrôler et à nous assumer.

Lorsque nous sommes authentiques, nous permettons aux autres de l'être aussi. Nous créons un espace où chacun peut apporter le meilleur de lui-même, non pas parce qu'il doit prouver quelque chose, mais parce qu'il se sent accepté tel qu'il est.

Cette acceptation mutuelle est le terreau d'une collaboration sincère et durable, on se choisit en conscience au service de plus grand que soi.

La maturité relationnelle se réalise pleinement lorsque nous parvenons à nous allier à quelque chose de plus grand que nous-mêmes. Que ce soit une cause, un projet, une vision commune, cette alliance nous dépasse et donne un sens profond à nos actions. Elle nous rappelle que nous faisons partie d'un tout, que nos efforts individuels, si petits soient-ils, contribuent à un objectif plus large.

Dans un collectif, cette alliance se manifeste lorsque chacun se sent engagé dans une mission commune, où l'on ne travaille plus simplement pour soi, mais pour le bien de tous. Cet engagement pour le bien commun n'est pas seulement une question de mots, mais de pratiques concrètes : se soutenir mutuellement, partager les responsabilités, célébrer les succès ensemble, et apprendre des échecs sans chercher de coupables. C'est cela, s'allier à plus grand que soi. C'est vivre l'expérience du collectif non pas comme une contrainte, mais comme un lieu de croissance. Ou quand le 3 nourrit le 1.

La maturité relationnelle, qu'elle soit individuelle ou collective, n'est pas une destination finale, mais un chemin. C'est un voyage fait d'allers-retours, de remises en question, de découvertes, et parfois de doutes. Mais c'est aussi un chemin qui nous rend plus riches, plus conscients, plus imparfaitement humains.

Nos relations et la qualité des liens que nous créons sont comme des miroirs (cf le chemin d'Ewen) qui nous renvoient à notre propre vérité. Chaque interaction est une opportunité d'apprentissage, chaque conflit un terrain d'exploration, chaque rencontre une chance de grandir. La maturité relationnelle, c'est accepter cette invitation, c'est oser se regarder dans ce miroir et y voir non pas une image figée, mais un être en perpétuelle évolution.

Ainsi, en cultivant cette maturité, nous ne faisons pas que développer nos compétences relationnelles, nous participons à la création d'un monde où le « Je » et le « Nous » ne sont pas opposés, mais complémentaires. Un monde où l'individu et le collectif se renforcent mutuellement, où la diversité est une richesse, et où chaque pas, aussi petit soit-il, nous rapproche d'une humanité plus solidaire, plus juste, et plus consciente.

Toucher ce qu'est l'intelligence du lien n'est pas un processus spontané. Cela demande du temps, de l'engagement, et surtout, un accompagnement adéquat. Dans les organisations, où les dynamiques de groupe sont souvent complexes et où les objectifs individuels peuvent parfois entrer en conflit avec les objectifs collectifs, l'accompagnement devient essentiel.

Accompagner les individus et les collectifs dans l'apprentissage des compétences MetoWe, c'est leur offrir les outils nécessaires pour naviguer avec conscience et compétence dans la complexité des relations. Le modèle

MetoWe ne se contente pas de proposer un cadre théorique, il invite à une discipline quotidienne, une mise en œuvre tangible des principes de connexion, d'altérité, de recentrage en soi (et pas sur soi), et d'alliance à plus grand que soi.

Dans ce processus d'apprentissage, les leaders et les facilitateurs jouent un rôle crucial. Ils ne sont pas simplement des gestionnaires de performances ou des garants de résultats, mais des guides qui créent les conditions propices pour que chaque membre du collectif puisse développer ces compétences essentielles. Il s'agit d'aider les individus à comprendre que chaque interaction est une opportunité de pratiquer le passage du « Je » au « Nous », et que cette pratique, loin d'être linéaire, est une danse subtile qui demande patience et persévérance.

Pour que les compétences MetoWe deviennent une seconde nature au sein des organisations, il est indispensable de créer des espaces d'apprentissage et de pratique réguliers. Ces espaces peuvent prendre la forme de cercles de parole, d'ateliers collaboratifs, ou de sessions de feedback constructif, où chaque membre du collectif peut expérimenter les dimensions du modèle MetoWe dans un cadre sécurisé et soutenant, où les erreurs relationnelles sont vues non comme des échecs, mais comme des opportunités de croissance et de transformation.

Dans ce contexte, les collectifs deviennent de véritables communautés d'apprentissage. Chaque membre du groupe contribue à l'évolution des autres, non seulement par son expertise, mais aussi par la manière dont il ou elle incarne les principes MetoWe. Le collectif devient ainsi un espace où l'on apprend ensemble à prendre soin du lien.

Cet apprentissage collectif nécessite une redéfinition du succès. Dans un collectif mature, le succès n'est pas seulement mesuré par l'atteinte d'objectifs externes, mais par la qualité des relations, la profondeur des connexions, et la capacité à naviguer ensemble à travers les défis. C'est une réussite qui se construit au jour le jour, dans la manière dont chaque membre du collectif s'engage à pratiquer les compétences MetoWe, à les affiner, et à les transmettre aux autres.

Peter Hawkins a défini les 5 grands axes de la maturité dans les organisations :

1. Encourager l'engagement total de tous les membres de l'équipe;

2. Promouvoir l'écoute active et la construction à partir des commentaires des autres;

3. Développer la compétence collective au dialogue génératif et au conflit créatif, où différentes perspectives et propositions sont accueillies et travaillées;

4. S'assurer que le conflit ne soit pas pris personnellement, et travailler pour trouver des moyens de rassembler les points de vue opposés dans un alignement à un niveau supérieur;

5. Avoir des retours d'information réguliers, pas seulement verticalement du chef d'équipe aux membres de l'équipe, mais aussi des retours horizontaux entre les membres.

À l'aube de la publication de ce livre, on voit bien comment cette maturité est difficile à atteindre sans les 4 compétences de MetoWe. Apprendre et pratiquer les compétences MetoWe au sein des organisations, c'est créer des collectifs matures, porteurs de sens et auxquels il fait bon appartenir.

Le légende de Galendil...
ou la recherche de Soi

Il était une fois, dans une très lointaine galaxie, une entité céleste nommée Galendil. Galendil était une planète comblée, baignant dans un univers où l'Amour, la Paix et le Bonheur régnaient en maîtres. Les êtres qui peuplaient Galendil — des végétaux aux animaux, en passant par des êtres humanoïdes et des robots — vivaient en harmonie parfaite. Ils échangeaient Amour et Joie, et Galendil répondait toujours à leurs attentes et à leurs demandes, se liant à chacun d'eux de manière bienveillante.

Chaque jour, Galendil prodiguait ses bienfaits sans compter. Elle nourrissait les plantes avec ses sols fertiles, offrait des habitats sécurisés aux animaux, fournissait des ressources abondantes aux humanoïdes et une énergie inépuisable aux robots. Ses mers, ses lacs, ses rivières scintillaient de mille feux, chacun pouvait s'y baigner ou s'y abreuver avec délectation... Tout semblait parfait dans ce monde idyllique. Baignant dans autant d'Amour et de bienfaits, Galendil ne songeait pas plus que cela à son propre devenir. Pourquoi l'aurait-elle fait ? Son cœur se gonflait de joie à chaque instant.

Cependant, au fil du temps, Galendil commença à ressentir les premiers signes de fatigue. Ses ressources, autrefois infinies, commencèrent à s'épuiser. Les sols se firent moins fertiles, les rivières s'asséchèrent légèrement, et l'air devint un peu moins pur. Galendil, dans son désir de combler chaque besoin de ses habitants, s'était oubliée.

Les signes étaient subtils au début, mais ils devinrent rapidement évidents. Les plantes ne poussaient plus aussi vigoureusement, les animaux se firent moins nombreux, et les humanoïdes commencèrent à ressentir les effets des ressources en déclin. Même les robots, avec toute leur technologie, ne pouvaient ignorer les changements dans leur environnement. Fait étrange, au milieu de tous ces signes, un être en particulier retint l'attention de Galendil, un jeune guerrier nommé Ewen, lequel, en proie à un profond désarroi, ne se contenta pas de le subir, mais partit en quête d'un « quelque-chose » qui pourrait lui apporter une réponse...

Perdu dans la douleur de voir son monde dépérir, Ewen refusait de rester impuissant. Animé par une quête intérieure intense, il cherchait aussi désespérément un remède aux maux de Galendil, explorant les mystères du monde et les sagesses oubliées.

« Cette boussole te guidera, mais le chemin à suivre, c'est ton cœur qui le créera. »

Ayant perçu ces mots, Galendil réalisa qu'elle ne pouvait plus se sacrifier sans fin.

Elle décida alors qu'elle devait agir. Elle commença à percevoir que l'équilibre idyllique qu'elle avait jusque-là réussi à maintenir ne pouvait perdurer qu'à la seule condition qu'elle sache, tout comme Ewen, ce à quoi elle aspirait elle-même, au plus profond de son Être. A défaut de quoi, elle péricliterait et tout ce qui l'entourait également.

Pour continuer à soutenir ses habitants, elle devait donc se recentrer sur elle-même. Elle se retira en elle, cherchant à comprendre ses propres besoins. Elle réalisa qu'elle avait besoin de temps pour se régénérer, de repos pour guérir, et d'espace pour se retrouver.

Galendil prit une décision difficile mais nécessaire. Elle commença à se délier de ses habitants, réduisant progressivement les ressources qu'elle leur fournissait. Ce fut une période de confusion et de mécontentement, mais Galendil savait que c'était crucial pour sa survie et celle de tous ceux qui dépendaient d'elle.

Pendant ce temps, les habitants de Galendil durent apprendre à s'adapter. Les humanoïdes découvrirent des moyens plus durables de cultiver la terre, les animaux cherchèrent de nouveaux habitats, et les robots aidèrent à optimiser l'utilisation des ressources restantes. Chacun apprit à se contenter de moins et à respecter davantage leur planète.

Galendil, ayant retrouvé un semblant de stabilité, sentit qu'il était temps de chercher de l'aide au-delà de ses propres frontières.

Elle s'ouvrit alors aux univers parallèles, se reliant à des entités célestes plus grandes et plus anciennes. Ces entités, voyant la détresse de Galendil, lui offrirent leur sagesse et leur énergie.

Avec cette aide cosmique, Galendil put non seulement se régénérer mais aussi trouver un nouvel équilibre. Elle comprit qu'en se reliant à plus grand qu'elle, elle pouvait puiser une force qui la dépasserait et la renforcerait. Elle partagea cette énergie renouvelée avec ses habitants, mais cette fois-ci, de manière équilibrée et durable, et sans s'oublier.

Les végétaux, les animaux, les humanoïdes et les robots, ayant appris de leurs erreurs, continuèrent à vivre en harmonie avec Galendil, mais avec un respect et une responsabilité renouvelés pour ses besoins et ses limites. Galendil, désormais en équilibre avec elle-même et avec les univers parallèles, retrouva une splendeur bien plus grande que celle d'antan. C'est alors que sa nouvelle splendeur et son énergie retrouvée lui donnèrent la possibilité de se manifester à Ewen sous une apparence humaine, alors même que ce dernier acquérait la possibilité de la voir à partir de son cœur.

Ainsi, l'histoire de Galendil nous enseigne que l'amour et l'harmonie avec les autres ne peuvent perdurer sans amour et respect pour soi-même. En se reliant à elle-même en premier lieu, Galendil trouva la force de se régénérer et d'instaurer un équilibre durable pour le bien de tous les univers, et de partager son chemin avec Ewen.

En suivant des chemins initiatiques complémentaires, Galendil et Ewen comprirent et intégrèrent tous deux la polarité qui leur manquaient. Aucun voyage, qu'il soit intérieur ou extérieur, ne peut se suffire à lui-même pour mener à l'équilibre et à la maturité de la relation. Qu'il commence par un voyage extérieur (répondre à son appel) ou intérieur (qui suis-je ?), chacun de nous doit comprendre qui il/elle est et développer ce lien avec soi pour pouvoir aller vers « l'autre » avec amour et bienveillance.

L'histoire de Ewen et de Galendil résonne profondément avec notre monde actuel. Elle nous enseigne que l'amour et l'harmonie avec les autres ne peuvent durer sans amour et respect pour soi-même. Pour que notre planète survive, pour que nous survivions, il est essentiel que nous apprenions à nous recentrer, à écouter nos besoins intérieurs, et à nous connecter à des forces plus grandes que nous. Ce n'est qu'en trouvant cet équilibre entre le « nous » et le « je » que nous pourrons créer un avenir durable, non seulement pour nous-mêmes, mais pour tout ce qui nous entoure.

Puissions-nous, comme eux, apprendre à trouver notre force dans la connexion avec nous-mêmes et avec l'univers, pour devenir les gardiens d'un monde en harmonie. Que chacun de nous, en suivant les chemins de l'introspection et de l'interdépendance, contribue à un avenir où l'équilibre intérieur se reflète dans l'équilibre collectif, pour le bien de toute l'Humanité.

Postface de Deborah Bacon Dilts

Merci à Elisabeth Magro et Jean-François Thiriet pour la co-création de leur modèle MetoWe ! J'y retrouve toutes les valeurs essentielles qui guident mon parcours de vie. Depuis plus de 40 ans, je navigue dans le territoire du développement personnel, pratiquant et enseignant diverses méthodes psychocorporelles (La Psychosynthèse de Roberto Assagioli, la Relaxation évolutive, la Respiration Holotropique de Stanislas Grof, La Danse des 5Rythmes de Gabrielle Roth) et de conscience (la méditation pleine conscience, l'enseignement sur la relation consciente de Richard Moss …). Le fil commun de toutes ces activités : soigner la qualité de connexion avec soi-même, avec les autres et avec plus grand que soi. Le corps est au coeur de chacune de ces approches, et elles partagent toutes une reconnaissance explicite d'une dimension spirituelle ou transpersonnelle chez l'humain.

Les auteurs proposent un résumé multi-dimensionnel des causes derrière les déséquilibres dans nos sociétés et nos systèmes actuels. Toutes sont la conséquence de diverses formes de rupture ou de détérioration de la qualité du lien – avec la terre, avec les sensations du corps, avec nos ressentis et nos émotions, et donc avec nous-mêmes et les autres. « Dans un monde de plus en plus connecté mais paradoxalement souvent isolant, la création de liens authentiques et de confiance mutuelle est devenue une nécessité fondamentale … » nous suggèrent-ils. Nous sommes des êtres de relation, imbriqués dans une toile de connexions matérielles et invisibles, mais nous perdons constamment la conscience de cette connexion. En mettant l'intelligence du lien au coeur de leur démarche, les auteurs nous rappellent non seulement la place essentielle du lien dans notre vie, mais ils nous donnent des moyens concrets et accessibles pour le retrouver, le rétablir quand il est rompu, l'assainir quand il est endommagé et l'enrichir sans cesse, en faisant du lien un art de vivre.

Les 4 dimensions qu'ils proposent – se relier à soi et s'assumer, se lier à l'autre et construire la confiance, se délier de l'autre et exprimer sa différence, et s'allier à plus grand que soi – reflètent le processus du développement d'un être humain épanoui, capable à la fois d'autonomie et de relation engagée. Leur déroulement suit une logique naturelle, qui, même si elle n'est pas forcément linéaire, passe par l'un (la relation à soi), le deux (la relation à l'autre) et le trois (la relation avec plus grand que nous).

Quand tout se passe bien, les bases de notre relation à nous-mêmes nous permettent de développer un sens solide de notre valeur intrinsèque, nous permettant de vivre ni dans l'inflation ni dans l'autodépréciation, confiants dans notre capacité à entrer en relation avec les autres. Mais si souvent ces bases sont criblées de carences ou déformées par des blessures et nous avons donc du mal à établir des relations réellement satisfaisantes avec autrui. Explorer le lien à soi-même avec les processus proposés par le modèle MetoWe offre un moyen de réparer ce qui a pu faire défaut dans la construction de cette relation fondamentale avec nous-mêmes. De même, puisque nous avons été blessés dans le lien, les processus pour se lier à l'autre contribuent à la fois à la guérison de cette connexion à soi et à la création de relations saines et génératives avec d'autres. Ensuite, se délier et se différencier de l'autre nécessite également une relation saine avec soi-même ainsi que la confiance dans le lien à l'autre.

L'enseignant Richard Moss propose cette observation : « La distance entre nous et un autre est la même que celle entre nous et nous-mêmes. » Ainsi, plus nous nous approchons de nous-mêmes, plus nous pouvons être réellement proche de l'autre, et cela vaut pour tout le vivant. Le rétablissement de ces liens nous fait naturellement contacter le « plus vaste que nous » dans lequel tout cela se passe, nous faisant (re) découvrir notre interconnexion avec le vivant, à la fois au fond de nos cellules et dans le champ collectif dans lequel nous existons tous ensemble. Ce chemin mène ainsi à un monde qui n'est plus en réaction aux ruptures qui créent la division, mais qui émerge de manière créative des liens dont on prend soin.

Elisabeth et Jean-François nous offrent à la fois une cartographie et des moyens concrets pour évoluer dans le territoire du lien. Leur modèle est basé sur des concepts étayés par des exemples, mais il est surtout le fruit de leur vécu et de l'expérience directe. Ils proposent des prises de conscience qui passent par l'expérientiel, le seul moyen de réellement apprendre et se transformer. Ils soulignent l'importance du vécu dans le corps. C'est là où se rétablissent l'enracinement et le ressenti de l'interconnexion avec la vie. C'est dans le corps où nous connaissons intimement ce sentiment de reliance qui permet de guérir les blessures du lien, de passer de l'insécurité à la confiance, d'assouplir la rigidité du moi, de sortir du narcissisme, et de transformer un ego surdimensionné en un acteur créatif au service de la vie.

Ce livre, riche à la fois en réflexions et en applications, nous guide non seulement vers la réparation du lien mais vers une évolution de conscience. Il est d'une importance cruciale aujourd'hui que nous apprenions à être en relation avec nos parts d'ombre pour cesser de les projeter ou de chercher à les éviter à tout prix. Les « armes de distraction massive » que sont les écrans et leur ubiquité ne font qu'amplifier notre tendance à la coupure d'avec nos propres ressentis. L'avenir de l'humanité sera caractérisé par une conscience éveillée, accueillante et incarnée, par la capacité à faire en sorte que nos propres ressentis soient en sécurité à l'intérieur de nous-mêmes, ou ne sera pas ! MetoWe est une contribution précieuse à cette possibilité – un monde où nous vivrons conscients de notre interconnexion, prenant soin du lien pour le bien de tous les êtres.

Merci à vous Elisabeth et Jean-François d'être des modèles de ce chemin en devenir et de nous y inviter.

Deborah Bacon Dilts

Présentation des auteurs

Elisabeth et Jean François sont tous les deux facilitateurs en intelligence collective et formateurs de facilitateurs avec l'approche SFM2. Depuis 8 ans, ils font partie de la SFM Leadership Team Internationale de Robert Dilts qui diffuse l'approche Success Factor Modeling à l'échelle internationale auprès des entrepreneurs (SFM1), des équipes (SFM2), et des leaders (SFM3). Elisabeth est Master-Trainer en PNL et enseigne la PNL, Jean-François a fondé l'approche des masterminds génératifs et des communautés apprenantes.

Ils sont partenaires de vie et partenaires au travail et interviennent dans les organisations depuis plus de 20 ans pour renforcer la qualité des relations et mobiliser l'intelligence collective des équipes au service de leurs projets.

Ils ont développé l'approche « MetoWe : l'intelligence du lien » pour permettre à chacun de développer les compétences qui prennent soin du lien et bâtissent des collectifs plus harmonieux. Ils diffusent cette approche au travers de coachings individuels, de coachings collectifs et de séminaires basés sur cette approche.

Pour en savoir plus sur les accompagnements avec « MetoWe : l'intelligence du lien » : www.index–metowe.com/fr.

Elisabeth Magro (Falcone) :

D'aussi loin que je me souvienne, j'étais attentive à « l'autre », et donc forcément au « champ », à ce qui transparaissait dans un espace donné. J'ai mis longtemps à le comprendre, à pouvoir poser des mots dessus tout en me sentant en sécurité. Aujourd'hui ce qui me fait vibrer c'est de voir cet « autre » réaliser à quel point il/elle est merveilleux, à quel point il/elle a déjà en lui, en elle, toutes ces ressources qui lui sont nécessaires. Cet instant magique où la prise de conscience apparaît. Voir un Être connecter ou reconnecter avec lui/elle pour pouvoir aller vers d'autres et participer à des projets qui nous transcendent.

À Jean-François, tu as conscientisé et verbalisé dès le début ce que je ne faisais que percevoir, nous faisant passer en un instant de l'inconscient au conscient. J'aime ton courage et ton authenticité, j'aime la confiance que tu m'inspires sur ce Chemin de Conscience. Merci d'être Toi. Je t'aime.

Vous pouvez me retrouver sur :

https://www.intelligencecollective–coaching–pnl.com/intelligencecollective

Jean-François Thiriet :

Lors d'une rédaction sur mon orientation en 4ème, j'écrivais : « J'aime participer à la vie des gens en essayant de les faire communiquer avec l'extérieur car à mon humble avis, elles sont trop recroquevillées sur elles-mêmes. » Aujourd'hui ce qui me fait vibrer c'est de « renforcer les liens essentiels : entre les managers et leur potentiel, entre les managers et leurs équipes, et entre les équipes et leurs projets, pour créer une dynamique positive et régénérative. »

À Elisabeth, tu es un exemple d'intelligence du lien et Je-Nous aime sur ce chemin de croissance et d'Amour. Merci d'être toi. Je t'aime.

Vous pouvez me retrouver sur : www.coaching–facilitation.fr

L'association CleanWalker :

Nous voulions que le livre *MetoWe : l'intelligence du lien* s'allie à plus grand que lui et en même temps s'inscrive dans la proximité et l'action quotidienne facile. Et l'association CleanWalker nous est venue spontanément.

Voici un message de sa présidente qui nous est chère Victoria Falcone :

Le mouvement CleanWalker est né en 2018. À l'origine du projet, une simple réflexion de Benjamin Carboni : Que puis-je faire à mon échelle de simple citoyen pour être un « acteur du changement » ? Puis cette envie : Et si nous nous rencontrions ? Si nous nous unissions lors d'actions citoyennes, partout en France et dans le monde, pour nettoyer nos villes, nos rues, nos plages et nos forêts ? Et si nous marchions, pour prendre conscience et sensibiliser davantage aux enjeux environnementaux ? C'est de cette manière que nombreux ont rejoint le mouvement et l'ont porté localement.

CleanWalker est aujourd'hui une association, asyndicale et apolitique, qui cherche au quotidien à collaborer avec le plus grand nombre afin de nettoyer notre planète. Son action s'articule autour de trois piliers : Agir, Rassembler, Sensibiliser.

Agir - Chacun peut nettoyer SA planète.

Les CleanWalkers sont des personnes qui cherchent avant tout à avoir un impact concret et contribuer à leur échelle. Notre activité principale consiste à organiser des cleanwalks (marche pendant laquelle les participants ramassent les déchets rencontrés) dans le but de ramasser, trier et revaloriser le plus de déchets possibles.

Rassembler - Et si nous nous unissions, partout en France et dans le Monde ?

Nous souhaitons créer des moments de partage pour les participants au-delà de l'action menée. Les cleanwalks rassemblent des personnes de générations différentes et de milieux sociaux divers. Nous coopérons avec les institutions publiques dans l'organisation de nos actions, et nous cherchons à accompagner les acteurs privés dans leur transition, afin d'intégrer toutes les parties prenantes dans ce mouvement.

Sensibiliser – Le meilleur déchet est celui que l'on ne produit pas.

Nous agissons sur le dernier maillon d'une problématique large et complexe ; réduire les déchets à la source reste le meilleur moyen d'en générer moins. Ainsi, nous intervenons dans des écoles, collèges, lycées, auprès d'étudiants, d'associations ou encore d'entreprises pour informer au mieux sur les problématiques liées aux déchets afin que les meilleures solutions soient mises en place.

CleanWalker compte aujourd'hui plus de 30 antennes en France, en Belgique, au Canada et au Maroc. Nous nous coordonnons pour maximiser notre impact mais gardons un fonctionnement décentralisé afin que chaque antenne soit un acteur du changement sur un territoire qu'elle connaît.

Nous souhaitons remercier Elisabeth Margo Falcone et Jean François Thiriet pour leur collaboration et leur cadeau. CleanWalker n'a de raison d'être que comme mouvement collectif ; nous aspirons à prendre soin des liens qui nous rassemblent pour être un collectif harmonieux et sommes heureux de pouvoir compter sur ce livre pour nous guider.

Rendez-vous sur notre site internet www.cleanwalker.fr et nos réseaux sociaux pour en savoir davantage - et rejoindre le mouvement ?

Bibliographie

Ainsworth, M. D. S., Blehar, M. C., Waters, E., & Wall, S. (1978). Patterns of attachment: A psychological study of the strange situation. Lawrence Erlbaum Associates.

Bowlby, J. (1969). *Attachment and loss: Vol. 1. Attachment.* Basic Books.

Clark, T. R. (2020). *The 4 Stages of Psychological Safety: Defining the Path to Inclusion and Innovation.* Berrett-Koehler Publishers.

Dilts, R. B. (2018). *Collaboration Générative, libérez la puissance créative de l'intelligence collective,* Dilts Strategy Group.

Edwards (2018). *Ubuntu HeartMath Programme Efficacy for Social Coherence and Work Spirit:* Preliminary Evidence, Journal of Psychology in Africa, 28:5, 420-425

Frei, F., & Morris, A. (2020). *La confiance avant tout.* Harvard Business Review France.

Gordon, B. (2007). *The Accountability Ladder.* Introduced during his tenure as president of the NAACP.

Hasson, U., Ghazanfar, A. A., Galantucci, B., Garrod, S., & Keysers, C. (2012). *Brain-to-brain coupling: a mechanism for creating and sharing a social world.* Trends in Cognitive Sciences, 16(2), 114-121.

Hawkins, P. (2023), *Beyond psychological safety,* https://www.renewalassociates.co.uk/2024/08/beyond–psychological–safety/

Perls, F. S., Hefferline, R. F., & Goodman, P. (1951). *Gestalt Therapy: Excitement and Growth in the Human Personality.* Julian Press.

Peterson, C., & Seligman, M. E. P. (2004). *Character strengths and virtues: A handbook and classification.* Oxford University Press.

Ruiz, F. J. (2010). *A review of Acceptance and Commitment Therapy (ACT) empirical evidence: Correlational, experimental psychopathology, component and outcome studies.* International Journal of Psychology and Psychological Therapy, 10(1), 125-162.

RÉFÉRENCES SCIENTIFIQUES/MÉTA ANALYSES :

Se relier à soi :

Source : **Aguinis, H., & Glavas, A. (2013).** *Embedded versus peripheral corporate social responsibility: Psychological foundations.* Industrial and Organizational Psychology, 6(4), 314–332.

Source : **Fransen, K., Vanbeselaere, N., De Cuyper, B., Vande Broek, G., & Boen, F. (2018).** *The myth of the team captain as a controlling leader: How shared leadership improves team functioning in professional sports.* Journal of Applied Sport Psychology, 30(3), 334–354.

Source : **Carson, J. B., Tesluk, P. E., & Marrone, J. A. (2007).** *Shared leadership in teams: An investigation of antecedent conditions and performance.* Academy of Management Journal, 50(5), 1217–1234.

Se lier à l'autre :

Source : **Edmondson, A. C., & Lei, Z. (2014).** *Psychological safety: The history, renaissance, and future of an interpersonal construct.* Annual Review of Organizational Psychology and Organizational Behavior, 1(1), 23–43.

Source : **Frazier, M. L., Fainshmidt, S., Klinger, R. L., Pezeshkan, A., & Vracheva, V. (2017).** *Psychological safety: A meta-analytic review and extension.* Personnel Psychology, 70(1), 113–165.

Source : **Newman, A., Donohue, R., & Eva, N. (2017).** *Psychological safety: A systematic review of the literature.* Human Resource Management Review, 27(3), 521–535.

Source : **Wei Xiao, (2008).** *A Study on Virtual Team Trust Mechanism and Its Construction Strategies – Vol. 3*, pp 315–319

Se délier à l'autre :

Source : **Mannix, E., & Neale, M. A. (2005).** *What differences make a difference? The promise and reality of diverse teams in organizations.* Psychological Science in the Public Interest, 6(2), 31–55.

Source : **Page, S. E. (2007).** *The Difference: How the Power of Diversity Creates Better Groups, Firms, Schools, and Societies.* Princeton University Press.

Source : **Jehn, K. A., & Bendersky, C. (2003).** *Intragroup conflict in organizations: A contingency perspective on the conflict–outcome relationship.* Research in Organizational Behavior, 25, 187–242.

S'allier à plus grand que soi :

Source : **Balliet, D., & Van Lange, P. A. M. (2013).** *Trust, punishment, and cooperation across 18 societies: A meta–analysis.* Perspectives on Psychological Science, 8(4), 363–379.

Source : **Rico, R., & Saavedra, R. (2012).** *The effects of task interdependence on information sharing and team performance: A meta–analysis.* Organizational Behavior and Human Decision Processes, 117(1), 45–56.

Source : **DeChurch, L. A., & Mesmer–Magnus, J. R. (2010).** *The cognitive underpinnings of effective teamwork: A meta–analysis.* Journal of Applied Psychology, 95(1), 32–53.

APPORTS DE FORMATION

Jacques Dechance, formation Reliance, itinéraire de croissance et d'autonomie, 2005-2009, www.dechance-consulting.fr

Robert Dilts, Formation de Master Trainer PNL, Santa Cruz, 2019, www.nlpu.com

Ce livre a bénéficié pour sa couverture et son écriture de l'aide de l'intelligence artificielle générative selon la méthode H/IA/H : « Écrit par l'Humain – Amélioré par l'Intelligence Artificielle – Validé par l'Humain ».